FRAUEN –
zwischen Benachteiligung
und Gleichstellung (1800 bis heute)

Susanne Asche   Matthias Beimel

Verlag Moritz Diesterweg
Frankfurt am Main

CIP-Kurztitelaufnahme der Deutschen Bibliothek

Asche, Susanne:
Frauen – zwischen Benachteiligung und Gleich-
stellung (1800 bis heute) / Susanne Asche ; Matthias
Beimel. – 1. Aufl. – Frankfurt am Main :
Diesterweg, 1987.
  (Unterrichtswerkstatt Geschichte und Politik)
  ISBN 3-425-03243-7

NE: Beimel, Matthias:

ISBN 3-425-03243-7
1. Auflage 1987

Einbandgestaltung: Julia Strube, Gau-Algesheim
Satz und Druck: Appl, Wemding
Bindearbeiten: Großbuchbinderei Monheim, Monheim

»Viel hilft viel« war noch nie die Devise für erfolgreichen Unterricht. Angesichts des Stoffdrucks, der auf Lehrern und Schülern gleichermaßen lastet, tut hingegen **Reduktion** und eindeutige **Schwerpunktbildung** not. Was hilft, sind realistische **Stundenkonzepte,** in denen interessante Materialien mit Sachinformationen und Arbeitsaufträgen didaktisch so überzeugend verknüpft werden, daß sich der Unterricht auf zentrale Aspekte hin zuspitzen läßt, ohne an Anschaulichkeit zu verlieren.

Um einen lebendigen und schülernahen Arbeitsunterricht zu gewährleisten, enthält dieses Bändchen **12 Stundenkonzepte** (von denen 8 den Kern der Sequenz ausmachen), welche jeweils das Thema angeben, sowie Leitfragen, Hausarbeitsvorschläge, Verknüpfungsmöglichkeiten und Zusatzimpulse umfassen. Thema und Leitfragen sind hierbei jeweils so formuliert, daß die Zielorientierung für die Stunde deutlich wird. Zur individuellen Handhabung durch den Lehrer/die Lehrerin werden jedem Quellenausschnitt Hintergrundinformationen und Merksätze zugeordnet. Sie eignen sich besonders zur wörtlichen oder sinngemäßen Übernahme an die Tafel und ins Schülerheft sowie zur Orientierung der Lehrer- und Schülerdarbietung.

Die didaktischen Begründungen im Anschluß daran fundieren die 12 Einzelstunden in inhaltlicher und methodischer Hinsicht.

Die zusätzlichen Anregungen in den **»Stundenbausteinen«** tragen dem Umstand Rechnung, daß der Lehrer/die Lehrerin auch für besonders schwierige oder interessierte Lerngruppen Materialvorschläge (samt didaktischen Anregungen) erwarten kann, etwa in Form raffinierter Einstiege oder spannender Lehrererzählungen. Hierdurch wird es auch möglich, Stundenschwerpunkte anders zu wählen oder Materialien alternativ einzusetzen.

Die Lernkontrolle wird u.a. durch 2 Klausurvorschläge erleichtert, bei denen zwischen grundlegender und erweiterter Aufgabenstellung gewählt werden kann, um Binnendifferenzierung zu ermöglichen.

Lektüreanregungen, Zeittafel und Begriffsliste geben zusätzliche Hilfen für Unterricht und Selbststudium.

Diese Unterrichtseinheit eignet sich für die Sekundarstufe I und für den Beginn der Sekundarstufe II.

Unterrichtswerkstatt Geschichte und Politik

herausgegeben von Hans Endlich

Warum eine Unterrichtseinheit: »Frauen - zwischen Benachteiligung und Gleichstellung (1800 bis heute)«?

In eigenartiger Weise hat sich die Entstehung der modernen Gesellschaft seit Beginn des 19. Jahrhunderts gerade auf das Verhältnis der Geschlechter ausgewirkt: Die Frauen übernahmen zwar grundlegende Aufgaben in Familie, Erziehung und Produktion, blieben aber - trotz allgemeiner Demokratisierung und sozialen Wandels - weitgehend vom öffentlichen Leben ausgeschlossen. Dabei war die Vorstellung vom sogenannten »typisch Weiblichen«, mit der ihre Verdrängung auf die Schattenseite der Gesellschaft gerechtfertigt wurde, vielfach erst im Bürgertum entstanden und kultiviert worden. Daß der Ausschluß der Frauen den Zielen einer demokratischen Gesellschaft widerspricht, wußten diejenigen Frauen - und wenigen Männer -, die schon frühzeitig für die »Frauenfrage« eine politische Lösung forderten, um die zum Teil noch heute gestritten wird. Interessant ist es darum, die geschichtliche Entwicklung geschlechtsspezifischer Erwartungen in den Bereichen Familie, Erziehung, Arbeit und Politik aus männlicher **und** weiblicher Sicht exemplarisch zu untersuchen und danach zu fragen, ob und wie diskriminierende Strukturen in der Gegenwart weiterwirken.

Da hier ein Thema aufgegriffen wird, daß die Schüler/innen in ihrem Alltagsleben betrifft, wurden ausschließlich Beispiele aus der deutschen Entwicklung ausgewählt. Damit scheint auch die Möglichkeit gegeben, historische Einsichten und gegenwärtige Erfahrungen zu verbinden.

1. Stunde

Stundenthema: Familie

Sind Frau und Mann gleich?

1. Leitfrage: Wie soll das Familienleben aussehen?

(um 1820)

1

Aufgabe: Stelle Vermutungen über die dargestellten Personen an.

Hintergrund: Mit Verfestigung der bürgerlichen Gesellschaft, seit der Zeit um 1800, wurde ausgiebig in Schriften und Bildern darüber verhandelt, wie ein gutes Familienleben auszusehen habe. Die Familie rückte ins Zentrum allgemeinen Interesses.

Merksatz: Die Familie galt als Privatsphäre, in der Mann und Frau unterschiedliche Rollen hatten.

Begriffe: Familie, Privatsphäre, Verstand, Gefühl

Verknüpfung: Wer ernährt die Familie?

2. Leitfrage: *Welche Aufgaben haben Mann und Frau?*

(1871) »Mögen die Frauen den Männern den Kampf und die Arbeit lassen, das ist ihre Freude, das ist ihr Beruf. Mögen die Frauen in der Pflege reiner, warmer und inniger Gefühle, in der Bewachung der Güter, die der Mann erzeugt, in der Ordnung, Leitung und dem Schmuck des Hauses die von Gott ihnen anvertraute Aufgabe suchen! Dem Manne gebührt der Kampf und die Arbeit, aber das Weib wischt den Schweiß von seiner Stirn und stärkt seine Kraft, indem sie durch Sinn und Walten das Haus zu einer Stätte des Friedens, zu einer idealen Welt bildet.«

Aus einer Schrift über die Eigenschaften der Frau 2

Stützfrage: Was soll die Frau nicht tun?

Hintergrund: Bis zum Beginn des 19. Jahrhunderts war die Familie eine Gemeinschaft, in der alle Familienmitglieder gemeinsam für den Lebensunterhalt arbeiteten. Mit der Industrialisierung änderte sich dies: der Arbeitsplatz wurde – vor allem für die Männer – die Fabrik und das Büro außerhalb der Familie.

Merksatz: Die Arbeit von Mann und Frau war streng geschieden (geschlechtsspezifische Arbeitsteilung). Berufsleben galt als männliche, Haushalt und Liebe galten als weibliche Arbeit.

Begriffe: geschlechtsspezifische Arbeitsteilung, Öffentlichkeit, Haushalt, Hausfrau

Verknüpfung: Wie könnte eine Frau diese Festlegung sehen?

3. Leitfrage: *Warum wünscht eine Frau, ein Mann zu sein?*
(erweiterte Aufgabenstellung)

(um 1830) »Wär ich ein Jäger auf freier Flur,
Ein Stück nur von einem Soldaten,
Wär ich ein Mann doch mindestens nur,
So würde der Himmel mir raten;

Nun muß ich sitzen so fein und klar,
Gleich einem artigen Kinde,
Und darf nur heimlich lösen mein Haar
Und lassen es flattern im Winde!«

Anette von Droste-Hülshoff (1797–1848), Dichterin 3

Stützfrage: Beschreibe das Gefühl, das die Dichterin ausdrücken will.

Hintergrund: Einige Frauen äußerten ihr Unbehagen an den Vorstellungen über das Leben der Frauen in literarischen Briefen und Texten. Sie wählten diese Formen der Mitteilung, da Frauen in Zeitungen nicht veröffentlichen durften.

Merksatz: Manche Frauen erlebten das Familienleben und die ihnen darin zugewiesene Rolle als Einschränkung.

Begriff: Frauenbild

2. Stunde

Stundenthema: **Erziehung**

Was lernen Mädchen?

1. Leitfrage: *Wozu ist die Schule gut?*

(1897) »Dann muß sich das Mädchen auch schon frühzeitig an Fügen und Nachgeben gewöhnen, Tugenden, die unerläßlich sind, soll der Friede des Hauses, dessen Hüterin es einst sein soll, gewahrt werden. In der Schule, im Verein mit seinen Altersgenossinnen lernt es, sich in andere zu schicken.«

Eine Pädagogin zur Mädchenerziehung 4

Stützfrage: Schule und Familienleben – Welcher Zusammenhang besteht?

Hintergrund: Es wurde viel darüber diskutiert, ob Mädchen überhaupt längere Zeit zur Schule gehen und was sie dort lernen sollten. Jungen und Mädchen erhielten nicht die gleiche Schulbildung; meistens wurden sie getrennt unterrichtet. Mädchen sollten weibliche Tugenden ausbilden. Bis zu Beginn des 20. Jahrhunderts durften Frauen nicht an Universitäten studieren.

Merksatz: Jungen und Mädchen erhielten eine geschlechtsspezifische Erziehung. Die Mädchen wurden auf ihre Aufgabe als untergebene Ehefrau und Hausfrau vorbereitet.

Begriffe: geschlechtsspezifische Erziehung, Koedukation, weibliche Tugenden

Verknüpfung: Haben es Jungen immer besser?

2. Leitfrage: *Was gilt als typisch für Jungen und Mädchen?*

(um 1880) »In allem und jedem, nicht nur im Schreibenlernen und Lesenlernen, sondern auch beim Singen, Turnen und Musizieren, beim Versteckspielen und beim Kriegspielen, beim Indianer- und Pfänderspiel, sogar bei den ruhigsten Spielen mit Puppen und Bildern

12

war die um mehr als ein Jahr jüngere Schwester stets überlegen. Durch meine ganze Jugend bis hin zum zwanzigsten Lebensjahr zog sich als ewiger Endreim meiner Eltern der Stoßseufzer: ›Wär doch nur das Mädchen ein Junge.‹ ›Wär doch nur dieser Junge ein Mädchen‹, [...] ›Was soll aus dem mißratenen Kind werden?‹«

Aus den Erinnerungen eines Universitätsprofessors 5

Stützfrage:	Warum meinen die Eltern, sie hätten mißratene Kinder?

Hintergrund:	Die Jungen galten als überlegen, kämpferisch und klüger. Zudem wurden sie auf ihre spätere Aufgabe in Wirtschaft, Politik und Militär vorbereitet.
Merksatz:	Man dachte, daß den Menschen durch ihr Geschlecht bestimmte Eigenschaften angeboren seien.
Begriff:	Geschlechtscharakter

Auftrag (Hausaufgabe):	Überlege, wie die Spiele der Kinder heute mit dem Leben der Erwachsenen zusammenhängen!
Verknüpfung:	In welchen Fächern werden vermutlich die Mädchen unterrichtet?

3. Leitfrage: ***Wie lernt man Hausfrau?***
(erweiterte Aufgabenstellung)

(1913)

Berlin SW, Koch-str. 13a.

M. Strahlendorfs Koch- und Haushaltungsschule
Töchterpensionat

Ausbildung für Haus und Beruf: Kochen, Backen, Servieren, Anstandslehre, Schneidern, Wäscheanfertigung, Putz, Frisieren, Handarbeiten, Glanzplätten usw. Prospekt frei. Ia. Referenzen.

Bière, französ. Schweiz. **Pensionat „Le Rutty".**

Gründliche Erlernung der franz. Sprache, Haush., Musik, Malen, usw. Prachtvolle Lage und Aussicht. Fr. 80.— monatlich. Illustrierte Prospekte. Referenzen.

Werbung aus einem Buch über Frauenberufe 6

Stützfrage:	Worin unterscheidet sich die Ausbildung in den beiden Schulen?

Hintergrund: Da die Industriegesellschaft immer höhere Anforderungen an den einzelnen stellte, wurden auch die Mädchen auf Spezialschulen auf ihre späteren Tätigkeiten vorbereitet. Die Töchterpensionate oder auch »höheren Töchterschulen« waren nicht staatlich, so daß an sie ein hohes Schulgeld entrichtet werden mußte. Von daher waren sie nur für die oberen und mittleren Schichten zugänglich.

Merksatz: Die bürgerlichen Mädchen wurden in Hausarbeit und in den sogenannten musischen Fächern auf »höheren Töchterschulen« ausgebildet. Sie erhielten keine Berufsausbildung.

Begriffe: höhere Töchterschule, bürgerliche Mädchen, musische Fächer

Erkundung: (bei der Schulleitung, Schulbehörde) Gibt es heute noch besondere Schulen oder Erziehungseinrichtungen für Mädchen? Wenn ja: Warum?

3. Stunde

Stundenthema: Industrie

Arbeiten hier auch Frauen?

1. Leitfrage: *Was macht eine Frau ohne Mann?*

(1895)   »Familienstand der deutschen Bevölkerung über 16 Jahre im Jahr 1895

	Männer	Frauen
ledig	6 299 000	5 886 000
verheiratet	8 849 000	8 784 000*
verwitwet oder geschieden	776 000	2 209 000«

* der Unterschied ergibt sich daraus, daß einige Männer mit Ausländerinnen verheiratet waren.   Aus einem Handbuch der Frauenbewegung
von der Frauenrechtlerin Helene Lange (1848–1930) 7

Auftrag: Stelle Vermutungen an, wie und wovon die nichtverheirateten Frauen leben?

Hintergrund: Vor der Industrialisierung fanden die unverheirateten Frauen Arbeit und Unterkunft in der Familie, die einen Produktionsverband darstellte (Familienwirtschaft). Seit der Industrialisierung wurden die Produkte, die die Frauen hergestellt hatten (z. B. Kleidung), industriell erzeugt. Unverheiratete Frauen konnten daher nicht mehr innerhalb der Familie zu deren Lebensunterhalt etwas beitragen.

Merksatz: Besonders die unverheirateten Frauen (fast 50%) mußten außerhalb der Familie nach Arbeit suchen.

Begriff: ledige Frau

Verknüpfung: Wo arbeiten die Frauen?

2. Leitfrage: *Können Frauen jeden Beruf ergreifen?*

(1876) »Auch bieten viele Zweige der Fabrikation den Frauen lohnende Beschäftigung, ohne sie zu Fabrikarbeiterinnen im gewöhnlichen Sinne zu machen: die Blumen-, Kuvert-, Handschuh-, Schuhfabrikation, Holzschneiden, Porzellan- und Glasmalen, Malen von Papp- und Galanteriearbeiten und Retuschieren, Setzen, Vorzeichnen – dies alles sind Arbeiten geworden, für welche die Frauenhand die beste Geschicklichkeit entwickelt und bei welchen allen es sich gezeigt hat, daß sie sich sehr wohl mit der sogenannten Weiblichkeit verbinden lassen.«

Aus einer Schrift der Frauenrechtlerin Louise Otto-Peters (1819–1895) 8

Stützfrage: Warum sind die aufgezählten Arbeiten scheinbar gerade für Frauen geeignet?

Hintergrund: Die von Louise Otto-Peters aufgezählten Arbeitsbereiche wurden in der zweiten Hälfte des 19. Jahrhunderts zunehmend industrialisiert, so daß auch für Frauen die Fabrik zu einem wichtigen Arbeitsplatz wurde.

Merksatz: Nicht alle Berufe standen den Frauen offen. Fabrikarbeit galt als unweiblich.

Begriffe: Frauenarbeit, Fabrikarbeiterin

Auftrag: Gibt es auch heute noch typisch weibliche Berufe? Zähle sie auf und nenne Ursachen!

Verknüpfung: Ist Frauenarbeit leichter?

3. Leitfrage: *Was hat Nähen mit Industrie zu tun?*
(erweiterte Aufgabenstellung)

(um 1865) »Ich kaufte mir dann eine eigene [Näh-]Maschine und arbeitete zu Hause. Dabei habe ich das Los der Heimarbeiterin zur Genüge kennengelernt. Von morgens um sechs bis nachts um zwölf, mit einer Stunde Mittagspause, wurde in einer Tour ›getrampelt‹. Um vier Uhr aber wurde aufgestanden, die Wohnung in Ordnung gebracht und das Essen vorbereitet. Beim Arbeiten stand dann eine kleine Uhr vor mir und es wurde sorgfältig aufgepaßt, daß ein Dutzend Kragen nicht länger dauerte wie das andere.«

Aus den Erinnerungen der Sozialdemokratin Ottilie Baader (1847–1925) 9

Stützfrage: Ist Heimarbeit vorteilhafter als Fabrikarbeit? Diskutiert!

Hintergrund:	Heimarbeit war weit verbreitet unter den Frauen. Gegen Stücklohn nähten, häkelten oder strickten sie. Solche Arbeiten übernahmen oft auch verheiratete Frauen, die dazu verdienen mußten. Heimarbeiterinnen waren schutz- und rechtloser als die in den Fabriken arbeitenden Frauen und Männer.
Merksatz:	Die weit verbreitete Heimarbeit ermöglichte den Frauen eine Erwerbstätigkeit, bei der sie die Hausarbeit nebenbei verrichten konnten.
Begriffe:	Heimarbeit, Stücklohn, Doppelbelastung

Erkundung:	(bei einer Wirtschaftsbehörde oder der Industrie- und Handelskammer) Welche Heimarbeit gibt es heute noch? Wieviele Menschen (Männer und Frauen) betreiben an Deinem Wohnort Heimarbeit?

4. Stunde

Stundenthema: **Konkurrenz**

Gleicher Lohn für gleiche Arbeit?

1. Leitfrage: **Warum verdienen Frauen weniger?**

(1900) »Die Frauenlöhne zeigen durchweg einen niedrigeren Stand als die Männerlöhne. Sie betragen regelmäßig nur ½ bis ⅔ der Männerlöhne. Dazu kommt, daß die besser gestellten Stellungen vorwiegend den Männern vorbehalten sind. Es kann keinem Zweifel unterliegen, daß im **allgemeinen** die Männerarbeit als solche die wertvollere ist und darum höheren Lohn erzielt. Im einzelnen trifft das bei weitem nicht überall zu. [...] Teils mag [es] sich daraus erklären, daß der [Frauen-]Erwerb ursprünglich den Charakter eines gelegentlichen und daher besonders willkommenen Nebenverdienstes an sich trug. Teils sind [...] die Ursachen in der natürlich gegebenen, oft durch Recht und Sitte vermehrten Beschränkung des weiblichen Erwerbsgebietes sowie in der bei [...] dem weiblichen Geschlechte vorherrschenden größeren Bedürfnislosigkeit und Genügsamkeit zu erblicken.«

Aus einer wissenschaftlichen Schrift über Frauenarbeit 10

Stützfrage: Warum erhalten die Männer die besser bezahlten Stellungen?

Hintergrund: Die Berufsausübung in leitenden Positionen (z. B. als Facharbeiter) setzte eine gute Ausbildung und eine regelmäßige und langfristige Berufstätigkeit voraus. Den Frauen fehlte diese Ausbildung (s. 2. Stunde). Zudem waren sie die einzigen, die für Kinder und Haushalt sorgten (s. 3. Stunde), so daß sie sich nicht intensiv dem Beruf widmen konnten. Außerdem galt Karriere als unweiblich (s. 1. Stunde).

Merksatz: Frauenarbeit wurde selbst bei gleicher Leistung schlechter bezahlt als Männerarbeit.

Begriffe: Nebenverdienst, Frauenlöhne (heute: Leichtlohngruppen)

Verknüpfung: Leiden nur die Frauen unter den niedrigen Löhnen?

2. Leitfrage: *Welche Folgen haben die niedrigen Frauenlöhne?*

(1889) »Wir sehen, wie die Frau durch niedrigen Lohn den Mann aus der Arbeit verdrängt, und oft kommt es vor, daß, während die Frau in die Fabrik geht, der Mann dem Haushalt vorstehen muß. Daher ist es unsere Pflicht, diese Übel beseitigen zu helfen. Das können wir aber nur [...] erreichen, [...] [indem] Verhältnisse geschaffen werden, unter welchen [die Frauen] ihren Pflichten als Frau und Mutter genügen können.«

Manifest des »Zentralvereins der Fabrik- und Handarbeiterinnen Deutschlands« 11

Stützfrage: Welche Gegenmaßnahmen werden die Verfasserinnen vorgeschlagen haben?

Hintergrund: In der Industriegesellschaft wurden die Arbeitsvorgänge in kleinen Schritten aufgeteilt, die auch ohne besondere Ausbildung von jeder und jedem ausgeführt werden konnten. Dies waren die sogenannten niedrigen Arbeiten, die zunehmend von Frauen ausgeführt wurden.

Merksatz: Die Frauen verdrängten aufgrund der niedrigen Frauenlöhne die Männer aus bestimmten Arbeitsbereichen.

Begriffe: Konkurrenz

Erkundung: (bei der Geschäftsstelle einer Gewerkschaft) In welchen Bereichen arbeiten mehr Frauen oder mehr Männer? Welche Löhne und Gehälter erhalten sie?

Verknüpfung: »Gleicher Lohn für gleiche Arbeit« – Können Frauen am Arbeitsplatz genauso behandelt werden wie Männer?

3. Leitfrage: *Braucht die Frau einen besonderen Schutz bei der Arbeit?*
(erweiterte Aufgabenstellung)

(1890) »Der Ruf, ›kein Arbeitschutz für Frauen, der nicht auch für Männer besteht‹, ist ein falscher [...]. Die Arbeiterin als die sozial schwächere bedarf eines energischeren gesellschaftlichen Schutzes als der Mann. [...] Sie bedarf ihn [...] da, wo sie als Trägerin der kommenden Generation, als Gebärerin, in Frage kommt. Da hört unter allen Umständen die Gleichheit auf, da erfüllt die Frau eine spezielle geschlechtliche Funktion, und hat in Bezug auf diese Anspruch auf speziellen Schutz durch die Gesell-

schaft. Wenn das Verbot der Arbeit der Wöchnerinnen diese öko-
nomisch benachteiligt, so gibt es dagegen ein einfaches Mittel:
Die Gesellschaft entschädigt sie [...].«

Eduard Bernstein (1850–1932), führender Sozialdemokrat 12

Stützfrage: Wer könnte fordern: »Kein Arbeitsschutz für Frauen«, und welche Interessen könnten dahinter stehen?

Hintergrund: Viele Frauen waren gezwungen, Schwangerschaft, Mutterschaft
und Fabrikarbeit zu verbinden. Selbst hochschwangere Frauen
führten noch schwerste Fabrikarbeit aus, und stillende Mütter in
den Fabrikhallen waren nicht selten. Deshalb war die Frage des
Arbeitsschutzes (etwa in bezug auf die Arbeitszeiten) für Frauen
eine wichtige Forderung der Arbeiterbewegung.

Merksatz: Erwerbstätige Frauen brauchten einen gesetzlichen Mutterschutz. Andererseits schränkten Sonderrechte für Frauen deren
Chancen auf dem Arbeitsmarkt ein.

Begriffe: Arbeitsschutz, Mutterschutz

5. Stunde

Stundenthema: **Politik**

Mutter oder Staatsbürgerin?

1. Leitfrage: *Ist Politik unweiblich?*

(1895) »Ich kann freilich nicht einsehen, daß eine Frau, die ihren Zettel in die Wahlurne wirft, die ›Weiblichkeit‹ mehr gefährdet als eine andere, die Steine karrt. Und ich kann nicht begreifen, daß der Anblick einer Frau mit einem Kinde unter dem Herzen im Wahllokal empörender sein soll als der Anblick einer solchen Frau in den Bleifabriken.« Lily Braun (1865–1916), Frauenrechtlerin 13

Stützfrage: Wogegen richtet sich die Verfasserin?

Hintergrund: Bis 1918 hatten die Frauen im Deutschen Reich kein Wahlrecht. Erst 1908 wurde ihnen erlaubt, an politischen Versammlungen teilzunehmen und politischen Parteien beizutreten. In einzelnen Ländern Deutschlands war ihnen dies schon vorher möglich.

Merksatz: Die Teilnahme der Frauen an der Politik galt als unweiblich und war gesetzlich eingeschränkt.

Begriffe: Wahlrecht, Parteien, politische Entmündigung, Diskriminierung

Verknüpfung: Was könnten Männer gegen das Wahlrecht für Frauen eingewendet haben?

2. Leitfrage: *Gefährdet die Politik die Familie?*

(1911) »Wo bleibt die Erziehung der Jugend, die Beaufsichtigung der Kinder, wenn Mann und Frau in gleicher Weise ihre Freizeit der Politik widmen wollen? [...] Welche Zustände werden entstehen, wenn Mann und Frau nicht gleicher Ansicht sind und in wessen Anschauungen soll dann die heranreifende Jugend erzogen werden?

Alle diese Fragen erfordern es doch, daß zukünftig dann der Mann bei der Werbung gleich ein politisches Glaubensbekenntnis von seiner Braut fordert und köstlich muß es sein, wenn alsdann die Angebetete flüstert: Ich liebe Sie auch, aber wie stehen Sie zur Reichsfinanzreform, zum Schutzzoll und zur Flottenvorlage?

Glaubt [man …] wirklich an irgendeine nennenswerte tatsächliche Beteiligung der Frau am politischen Leben, dann wird sie bestimmt nur eintreten in einer Zeit, wo [...] der Mann in Wirklichkeit das schwächere Geschlecht ist.« Aus einer Tageszeitung 14

Stützfrage: Sind Politik und Liebe unvereinbar?

Hintergrund: Seit Ende des 19. Jahrhunderts forderten einige bürgerliche Frauen und die SPD das politische Stimmrecht für Frauen. Darüber wurde viel in der Presse diskutiert.

Merksatz: Politische Betätigung von Frauen wurde als Gefahr für die Vorherrschaft der Männer gesehen.

Begriffe: Meinungsbildung, politisches Leben

Auftrag: Erfinde ein Gespräch zweier Verliebter über das Für und Wider des Frauenwahlrechts.

Erkundung: (bei den Geschäftsstellen der Parteien) Welche Meinung haben die Parteien zum Thema: »Frauen und Politik – ein Gegensatz?«

Verknüpfung: Warum wollen Frauen wählen?

3. Leitfrage: *Warum kann die Frau das Wahlrecht fordern?*
(erweiterte Aufgabenstellung)

(um 1912) »Was berechtigt denn zum Wählen? das Steuerzahlen? [...] Wir zahlen Steuern wie der Mann, haben aber keine Stimme bei der Verwendung der Steuern, das ist Sklavenlos.

Gehorsam gegen das Gesetz? [...] Den Gesetzen gehorchen müssen wir; bei Ihrer Schaffung haben wir keine Stimme, das ist Sklavenlos [...].

Die Gerechtigkeit fordert, daß alle diejenigen eine Stimme bei der Wahl der Volksvertreter und damit der Regierung des Staates haben, die an seinem Aufbau und seiner Entwicklung mithelfen. Das tun die Frauen, die dem Staate Söhne und Töchter schenken, die Steuern zahlen, die produktive Arbeit leisten«.

Aus dem Vortrag einer Frauenrechtlerin 15

Stützfrage: Inwiefern ist es ungerecht, wenn Frauen nicht wählen dürfen?

Hintergrund:	Das Recht zu wählen wurde seit der Französischen Revolution (1789) gefordert. Dabei wurde als Begründung auf die Erfüllung der staatsbürgerlichen Pflichten - insbesondere die des Steuerzahlens - hingewiesen.
Merksatz:	Die Frauen hatten staatsbürgerliche Pflichten, nicht aber alle Rechte.
Begriffe:	Gerechtigkeit, staatsbürgerliche Rechte und Pflichten

Hausaufgabe: Während der Französischen Revolution forderte man »Freiheit, Gleichheit, Brüderlichkeit«. Beschreibe aus der Sicht einer Frau oder eines Mannes im Jahr 1900, wie sich diese Forderungen für die Frauen ausgewirkt hatten.

6. Stunde

Stundenthema: Solidarität

Gibt es eine Schwesterlichkeit?

1. Leitfrage: *Wie treten Frauen an die Öffentlichkeit?*

(1912)

Mittwoch, 9. Oktober.
Sozialer Kursus, Oktober—Dezember 1912.
„Soziale Probleme der Gegenwart u. Wohlfahrtseinrichtungen in Deutschland". Fräulein Helene Bonfort.
Mittwochs 3½—4½ Uhr.   Anfang: Mittwoch, 9. Okt.
Saal der Ortsgruppe Hamburg des Allgemeinen Deutschen Frauenvereins. Curio-Haus, Rothenbaumchaussee 15. Hts.

Donnerstag, 10. Oktober.
Sozialer Kursus, Oktober—Dezember 1912.
„Gesundheitspflege des Kindes". Dr. med. C. Fricke.
Donnerstags, 3—4 Uhr.   Anfang: Donnerstag 10. Oktober.
St. Georger Gemeindehaus Stiftstraße 15.
Daran anschließend:
„Praktische Unterweisung in der Kinderpflege". Fräulein H. Hälssen. — Dienstags, 10½—11½ Uhr. — Anfang: Dienstag, 22. Oktober.   Martha Helenen-Heim Norderstraße 20.
Im Anschluß Besichtigungen von Anstalten die dem Kinderschutze dienen.

Donnerstag, 17. Oktober, 3 Uhr.
Frauenklub Hamburg, Neuer Jungfernstieg 19
Klaviervorträge von Frau Margarethe Anforge aus Berlin. — Mitglieder: 1 Mk., Nichtmitglieder 2 Mk.

Mittwoch, 16. Oktober, 8½ Uhr abends.
Hamburg-Altonaer Verein für Frauenstimmrecht
Mitgliederversammlung
im Konservatoriumssaal Curiohaus, Rothenbaumchaussee 15
Vortrag von Frau Auguste Kirchhoff, Bremen: „Warum muß der Deutsche Verband für Frauenstimmrecht für das allgemeine gleiche direkte und geheime Wahlrecht eintreten?"
Diskussion.
Der Eintritt ist nur Vereinsmitgliedern des Deutschen Verbandes für Frauenstimmrecht gestattet.

Freitag, 25. Oktober, 2 Uhr präzise.
Allgemeiner Deutscher Frauenverein, Ortsgruppe Hamburg
Curiohaus, Rothenbaumchaussee 15
Ordentliche Generalversammlung.
Tagesordnung:
1. Jahresbericht und Arbeitspläne.
2. Kassenbericht.
3. Wahlen. Um 2° findet die Wahl statt.
4. Bericht über die Tagung des Bundes Deutscher Frauenvereine.

Ankündigungen aus dem Vortragsanzeiger der Hamburger Frauenvereine 16

Auftrag: Stelle Vermutungen an, welche Frauen zu den einzelnen Veranstaltungen gegangen sein könnten, und was sie sich davon erhofft haben könnten.

Hintergrund: In der 2. Hälfte des 19. Jahrhunderts wurden zahlreiche Vereine von Frauen gegründet, die sich für eine bessere Bildung und bessere Berufsmöglichkeiten einsetzten, oder soziale Tätigkeiten wie Armenpflege übernahmen. Alle Vereine – darunter viele Berufsverbände (z. B. »Lehrerinnenverein«) – waren im »Bund Deutscher Frauenvereine« (BDF) zusammengefaßt.

Merksatz: Viele Frauen organisierten sich in Vereinen, um ihre Forderungen in der Öffentlichkeit zu vertreten. Es entstand eine Frauenbewegung.

Begriffe: Organisation, Verein, Berufsverband, Frauenbewegung, Feminismus

Verknüpfung: Vertreten die Vereine Frauen aus allen Teilen des Volkes?

Frauenbewegung oder Klassenkampf – was hilft den Frauen?

(um 1900) »So waren [die Frauenrechtlerinnen] wohl bereit, den Arbeiterinnen zu ›helfen‹, aber sie verstanden nicht, daß es für diese nur eine wirksame Hilfe gab: ihre Organisierung gemeinsam mit den Klassengenossen zum Kampf gegen den Kapitalismus und seinen Staat, seine soziale Ordnung [...] Die Frauenrechtlerinnen waren blind für den Tatbestand, daß in der Gesellschaft der kapitalistischen Privatwirtschaft [...] die Berufsarbeit und das Wahlrecht zwar grundlegend [...] für die Emanzipation der Frauen der Besitzenden sind, jedoch [...] unzulänglich, um die Freiheit und Gleichberechtigung der Proletarierinnen sicherzustellen.«

Clara Zetkin (1857–1933),
Führerin der sozialdemokratischen Frauenbewegung 17

Stützfrage: Was kritisiert Clara Zetkin an den Frauenrechtlerinnen?

Hintergrund: Gegen Ende des 19. Jahrhunderts entstand eine proletarische Frauenbewegung, die innerhalb der SPD arbeitete. Sie vertrat die Ansicht, daß nur im Sozialismus die Frauen frei und gleichberechtigt sein könnten, d. h. erst dann, wenn jede Ausbeutung – auch die der Männer – abgeschafft sei.

Merksatz: Die Solidarität aller Frauen untereinander war wegen ihrer unterschiedlichen Schichtenzugehörigkeit unmöglich.

Begriffe: bürgerliche und proletarische Frauenbewegung, Emanzipation, kapitalistische Privatwirtschaft

Auftrag: Entwirf und gestalte in Wort und Bild die Einladung zu einer Veranstaltung eines Arbeiterinnenvereins.

Verknüpfung: Gibt es Probleme, die alle Frauen – unabhängig von ihrer politischen Einstellung – betreffen?

3. Leitfrage: *Gehört die Straße nachts den Männern?*
(erweiterte Aufgabenstellung)

(1898) »Die absolute Rechtlosigkeit der Frau auf Straßen und Plätzen, sobald das nächtliche Dunkel jeden [Angriff] gegen sie seitens eines feigen Mannes deckt, ist noch so tief im Volksbewußtsein eingewurzelt, und wird durch unsere gesellschaftlichen Zustände, insbesondere durch die staatliche Regelung der Prostitution so sehr unterstützt, daß noch Jahrzehnte vergehen werden, bis man sich daran gewöhnt, der weiblichen Steuerzahlerin auch nächtlicher Weile die ungehinderte Mitbenutzung der öffentlichen Verkehrswege, die auch mit ihrem Betrage angelegt und unterhalten werden, zu überlassen [...]. Hierzu das nachdrückliche Verlangen zu stellen, nicht im Wege bescheidener Bitte, sondern energischer Forderungen auf Grund der ihnen verfassungsmäßig zustehenden Freiheitsrechte, ist Sache der Frauen.«

Aus dem Artikel »Die Schutzlosigkeit der Frau«,
erschienen in der Zeitschrift »Frauenbewegung« 18

Stützfrage:	Warum sind die Frauen schutzlos? Was könnte dies mit dem »Volksbewußtsein« zu tun haben?

Hintergrund:	In zahlreichen Städten des Deutschen Reiches wurden Frauen, die nachts ohne männliche Begleitung auf den Straßen angetroffen wurden, verhaftet, da man vermutete, sie seien Prostituierte. Für eine ›anständige Frau‹ gehörte es sich nicht, nachts allein unterwegs zu sein. Außerdem war sie vor Angriffen und Beleidigungen von Männern nicht sicher.
Merksatz:	Die gesellschaftlichen Moralvorstellungen beschränkten die Frauen in ihren Bewegungsmöglichkeiten.
Begriffe:	Prostitution, Rechtlosigkeit, Moral, Gewalt

Hausaufgabe:	In zahlreichen Städten fordern Frauen heute ein »Nachttaxi«, also die Möglichkeit, nachts zu verminderten Preisen Taxen nutzen zu können. Sammle Argumente für und gegen diese Forderung.

7. Stunde

Stundenthema: **Krieg**

Ist der Krieg Männersache?

1. Leitfrage: *Wie kämpfen die Frauen?*

(1914) Deutschlands Fahnenlied
»[...]
[Des Kaisers] Kraft ist Deiner Kraft Ebenbild,
Volk um die Fahne,
Ihr Müller, Schmidt, Maier, du ganzes Heer,
jetzt sind wir allzumal Helden wie er,
dank unsrer Fahne!
[...]
Unsre Fraun und Mädchen winken uns nach,
herrliche Fahne!
Sie winken, die Augen voll Adlerglanz,
ihr Herz kämpft mit um den blutigen Kranz:
hoch, hoch die Fahne,
ewig hoch!«

Richard Dehmel (1863–1920), Dichter 19

Stützfrage: Was ändert sich für die Frauen und Mädchen von Müller, Schmidt und Maier durch den Krieg?

Hintergrund: Sofort nach Kriegsausbruch 1914 organisierte der »Bund Deutscher Frauenvereine« (BDF) den Nationalen Frauendienst, der in der Heimat die Kriegsfolgen auffangen sollte (z. B. die Versorgung von Kriegerwitwen). Die Frauen sahen darin die Möglichkeit, von männlicher Seite endlich als gleichwertige Mitglieder des öffentlichen Lebens anerkannt zu werden. So erhofften sich die Frauen von der Ausnahmesituation des Krieges eine Durchsetzung ihrer Forderungen.

Merksatz: Frauen wie Männer sahen im Krieg anfangs eine willkommene Möglichkeit, um Heldentum zu beweisen.

Begriff: Militarismus

Verknüpfung: Ist Krieg ohne Frauen möglich?

2. Leitfrage: *Wer baut die Bomben für Männer und Söhne?*

(1914–1918) »Es betrug der weibliche Anteil in

	1914	1918	1921
Metallverarbeitung	24,11%	56,04%	30,25%
Industrie der Maschinen	17,86%	46,28%	27,72%
chemische Industrie	43,12%	76,20%	58,54%
Bekleidungsindustrie	75,08%	85,37%	73,51%«

Aus einer wissenschaftlichen Schrift über die Lage der Frauen 20

Stützfrage: Welche Auswirkungen hatte der Erste Weltkrieg auf die Frauenarbeit?

Hintergrund: Während des Krieges wurde die gesamte Wirtschaft auf Kriegsproduktion umgestellt.

Merksatz: Im Krieg besetzten die Frauen Arbeitsplätze, die bis dahin nur Männern vorbehalten waren, und behielten sie zum Teil auch noch nach dem Krieg.

Begriff: Kriegswirtschaft

Erkundung: (bei Großeltern oder älteren Familienangehörigen, Bekannten) Wie lebten die Frauen im letzten Weltkrieg?

Verknüpfung: Inwiefern betrifft der Krieg die Frauen ebenso wie die Männer? Denke besonders an den Alltag!

3. Leitfrage: *Sind Frauen friedlicher?*
(erweiterte Aufgabenstellung)

(um 1920) »[...] die modernen Zivilisationsstaaten [sind] Männerstaaten. Staaten des Mannes, in denen alles auf dem männlichen Prinzip, d.h. dem Grundsatz der Gewalt, der Autorität, des Kampfes aller gegen alle [...] aufgebaut und eingestellt ist. [...]
Der Weltkrieg hat bewiesen, daß der durch Gewalt aufgebaute und beherrschte Männerstaat auf der ganzen Linie versagt hat [...]. Diesem männlichen, zerstörenden Prinzip ist das weibliche aufbauende Prinzip der gegenseitigen Hilfe, der Güte, des Verstehens und Entgegenkommens diametral [= vollkommen] entgegengesetzt. [...] [Die Frauen] mußten sich dem männlichen Prinzip unterordnen, es zwangsweise anerkennen, sie wurden vergewaltigt.«

Lida Gustava Heymann (1868–1943), Frauenrechtlerin und Pazifistin 21

Stützfrage: Was spricht für und was gegen diese Meinung?

Hintergrund: Es gab schon vor Kriegsbeginn einen internationalen Zusam-
               menschluß von Kriegsgegnerinnen. Diese blieben aber ange-
               sichts der allgemeinen nationalen Begeisterung eine Minderheit.

Merksatz: Einige Frauen vertraten die Auffassung, daß gerade Frauen
               gegen Krieg eingestellt sein müßten (weiblicher Pazifismus).

Begriff: Pazifismus

8. Stunde

Stundenthema: **Modernes Leben**

Mehr Freiheit mit Bubikopf und Zigarette?

1. Leitfrage: *Hat die Schreibmaschine die Frau befreit?*
(1930)

Werbeanzeige 22

Stützfrage: Was hat sich gewandelt?

Hintergrund: In der Zeit der Weimarer Republik (1919–1933) wurde die Angestellte, die als Schreibkraft in Büros oder als Verkäuferin arbeitete, zum Bild der modernen, berufstätigen Frau. Diese Tätigkeiten verlangten nur eine kurze Anlernzeit und wurden schlecht bezahlt. Die meisten Frauen begriffen ihre Berufstätigkeit nur als eine kurze Phase ihres Lebens, die mit der Ehe endete. Der Anteil der unter 25jährigen an den weiblichen Angestellten war dementsprechend sehr hoch. Die Berufstätigkeit bot aber auch für manche die Möglichkeit, allein und ohne Familie zu leben.

Merksatz: In der Weimarer Zeit wurde die Berufstätigkeit junger Frauen auch im öffentlichen Verständnis zur Selbstverständlichkeit.

Begriff: weibliche Angestellte

Verknüpfung: Wie könnte das Berufsleben das tägliche Leben der jungen Frauen verändert haben?

2. Leitfrage: *Macht Schönheit immer Spaß?*
(1931)

»Mit vorstehendem Modell zeigen wir unseren Leserinnen ein schlichtes dunkles Kleid, das durch Ausschmückung mit den verschiedenen Garnituren ein immer anderes Aussehen erhält. Die im Beruf stehende Frau ist heute mehr denn je darauf angewiesen, auf ihr Äußeres besonderen Wert zu legen und sie wird durch Ausnutzung eines Kleides auf diese Weise ohne viel Mittel immer wieder anders angezogen wirken.«

Aus einer sozialdemokratischen Frauenzeitschrift 23

Stützfrage: Warum ist das Aussehen gerade für eine berufstätige Frau wichtig?

Hintergrund: Besonders Verkäuferinnen und Büroangestellte waren darauf angewiesen, attraktiv und jung auszusehen, auch, um gegen andere Frauen konkurrieren zu können. Das früher verpönte Schminken wurde selbstverständlich, modische Kleidung wurde notwendig. Da die Frauen meistens sehr wenig verdienten, mußten die Kosten für die Schönheit häufig ›vom Munde abgespart‹ werden. Zugleich entstand wegen der Nachfrage eine Massenkonfektion; Mode wurde eine Massenerscheinung.

Merksatz: Von der berufstätigen Frau wurde modisches und attraktives

Begriffe: Schönheitspflege, Mode

Erkundung: (beim Personalchef einer Bank oder eines Kaufhauses) Müssen berufstätige Frauen mehr als andere Wert auf ihr Äußeres legen?

Verknüpfung (Hausaufgabe): Schönheit und Mode: Anpassung und Zwang, oder eine Möglichkeit zur Verwirklichung eigener Wünsche?

3. Leitfrage: ***Moderne Frau – Wo bleibt die Weiblichkeit?***
(erweiterte Aufgabenstellung)

(1924)

»Alter Herr: ›Sehen Sie doch mal jenes Mädchen! Es ist ganz gekleidet wie ein Mann. Das müßten die Eltern verbieten!‹ – ›Verzeihung mein Herr, das ist meine Tochter!‹ – ›Nehmen Sie mir es nicht übel. Wie konnte ich wissen, daß Sie der Vater sind.‹ ›Sie irren sich, ich bin die Mutter‹.« 24

Stützfrage: Was ist komisch an der dargestellten Situation?

Hintergrund: Das Äußere der Frau wandelte sich: es gab keine Korsetts mehr, die Röcke wurden kürzer, die langen Haare abgeschnitten. Die Bewegungsfreiheit der Frauen in der Öffentlichkeit wurde größer.

Merksatz: Es entstand ein neues Frauenbild: Bubikopf, Zigarette und Kleidung mit männlichen Kennzeichen verwischten das als typisch weiblich geltende Äußere.

Begriff: Androgynität (Zweigeschlechtlichkeit)

9. Stunde

Stundenthema: **Mutterkult**

Verehrung oder Erniedrigung der Frauen?

1. Leitfrage: *Welche Vorstellungen hat der Nationalsozialismus von Mann und Frau?*

(1940) »Zweiundfünfzig Jahre alter, rein arischer Arzt, Teilnehmer an der Schlacht von Tannenberg, der auf dem Lande zu siedeln beabsichtigt, wünscht sich männlichen Nachwuchs durch eine standesamtliche Heirat mit einer gesunden Arierin, jungfräulich, bescheiden, sparsame Hausfrau, gewöhnt an schwere Arbeit, breithüftig, flache Absätze, keine Ohrringe, möglichst ohne Eigentum.«

Heiratsgesuch aus einer Tageszeitung 25

Stützfrage: Wofür braucht nach dieser Anzeige der Mann eine Frau?

Hintergrund: Die Nationalsozialisten sahen in den Frauen die dem Mann untergebenen Mütter seiner Söhne. Sie verbreiteten durch Propaganda ein Bild der »arischen« Frau, deren Aufgabe darin bestehen sollte, Kinder zu gebären. Durch Mutterkreuzverleihung (ab vier Kindern) und Muttertag wurden die Frauen ausgezeichnet. Diese und andere Kampagnen (»Die deutsche Frau raucht nicht«) wandten sich gegen das neue Frauenbild der Weimarer Republik. Die Frauen durften unter den Nazis keine wichtigen politischen Führungspositionen besetzen. Trotzdem blieben viele Frauen weiterhin berufstätig und wurden während des Krieges zur Arbeit zwangsverpflichtet.

Merksatz: Die Nationalsozialisten entwarfen und propagierten ein Bild der deutschen Frau, nach dem deren wesentliche Aufgabe darin bestand, Kinder zu gebären.

Begriffe: Muttertag, Mutterkreuz

Verknüpfung: Sollen alle Frauen Kinder bekommen?

     Wie werden nichtdeutsche Frauen betrachtet?

(1943) »Wenn Mädchen und Frauen der besetzten Ostgebiete ihre Kinder abtreiben, dann kann uns das nur recht sein, denn wir können keinerlei Interesse daran haben, daß sich die nichtdeutsche Bevölkerung vermehrt.«

Martin Bormann (1900–1945),
ein hoher NS-Funktionär 26

Stützfrage: Warum sollen manche Frauen abtreiben?

Hintergrund: Abtreibung war im nationalsozialistischen Staat ebenso wie Werbung für Verhütungsmittel verboten. Andererseits sollten Frauen, die als »nichtarisch« galten, daran gehindert werden, Kinder zu bekommen. Es wurden Zwangssterilisationen vorgenommen. In den Konzentrationslagern wurden Frauen Experimenten unterworfen, deren Ziel es war, herauszufinden, wie möglichst schnell und mit geringem Aufwand viele Frauen sterilisiert werden könnten.

Merksatz: Die Nationalsozialisten teilten Frauen danach ein, ob sie Kinder bekommen sollten oder nicht.
Diese Vorstellungen wurden durch Gesetze und mit Gewalt durchgesetzt.

Begriff: Bevölkerungspolitik, Rassismus

Verknüpfung: Was könnten Frauen vom Nationalsozialismus, den viele von ihnen unterstützten, erhofft haben?

3. Leitfrage: *Warum unterstützt eine Frau den Nationalsozialismus?*
(erweiterte Aufgabenstellung)

(um 1938) »Was mich – und meine Freunde – beglückte, war, daß wir durch unsere Arbeit an der Jugend mithelfen durften, die künftige Volksgemeinschaft zu bauen. Wir glaubten jedenfalls, daran mitbauen zu dürfen. Im Blick auf dieses Ziel war es nicht wichtig, ob uns die einzelne Arbeitsvorrichtung Vergnügen bereitete. Der Gedanke, daß es uns durch die Erziehung der Jugend gelingen könnte, unser Volk von Grund auf zu einer Gemeinschaft heranzubilden, in der geschwisterlicher Geist herrschen würde, half uns auch, manche ›dicke Kröte zu schlucken‹.«

Aus den Lebenserinnerungen einer ehemaligen HJ-Führerin 27

Stützfrage: Wodurch könnte das Glück der HJ-Führerin getrübt worden sein?

Hintergrund:	Den Mädchen und Frauen wurde in Nazi-Organisationen wie z. B. der Hitlerjugend (HJ), die Möglichkeit gegeben, außerhalb der Familie zusammenzukommen. Dies diente der Verbreitung der NS-Ideologie und der Erziehung der Jugend. Dabei galt das Prinzip: »Jugend führt Jugend«, d. h. Mädchen wurden ebenso wie die Jungen in ihren Organisationen Führerinnen.
Merksatz:	Viele Mädchen und Frauen waren angezogen von der Vorstellung der Volksgemeinschaft und dem Wunsch, daran mitzuwirken.
Begriff:	Volksgemeinschaft, Hitler-Jugend (HJ), Bund Deutscher Mädel (BDM)

10. Stunde

Stundenthema:	Konsumgesellschaft
	Was haben Frauen mit dem »Wirtschaftswunder« zu tun?

1. Leitfrage:	*Kriegsende – Was leisten die Frauen?*
(um 1946)	»Das war eine Weiberwirtschaft damals. Männer waren ganz selten, und wenn welche dazukamen, waren sie müde und mager und still und hatten oft nur einen Arm oder ein Bein oder einen verbundenen Kopf. [...] Die Frauen hatten jedenfalls das Sagen, und überall waren sie in der Überzahl. [...] Die eine zum Beispiel ging arbeiten oder versuchte sich auf dem Schwarzmarkt, die andere blieb zu Haus und saß an der Nähmaschine und kochte zwischendurch und gab auf die Kinder und die Alten acht, und die dritte stand Schlange. Schlangestehen füllte die Tage genauso wie eine richtige Arbeit, wo es sie noch gab, oder wie Hausarbeit, die damals Geduld, Phantasie und Erfindungsgeist erforderte. Denn aus Haferflocken oder Kartoffelschalen wurden Plätzchen gemacht, aus Raps oder Bucheckern oder noch ausgefalleneren Grundstoffen wurde Fett gewonnen.«

Aus den Erinnerungen einer Frau an die Zeit nach dem Zweiten Weltkrieg 28

Stützfrage:	Warum haben Frauen das Sagen?

Hintergrund:	Schon während des Zweiten Weltkrieges ersetzten die Frauen in Bereichen der Industrie und Landwirtschaft die Männer, tätigten die Hausarbeit unter schwierigsten Bedingungen und meisterten die Anforderungen und Bedrohung der Bombardierung. Mit Kriegsende brach die Lebensmittelversorgung der Bevölkerung zusammen. (Beispiel: 1947 hatte die Mehrheit der Bevölkerung im Baden-Badener Raum täglich etwa nur ein Drittel der als physiologisches Minimum anerkannten 2400 Kalorien.)
Merksatz:	In den ersten Jahren nach dem Zweiten Weltkrieg waren es die Frauen, die das Überleben ihrer Familien sicherten und die ersten Schritte zum Wiederaufbau leisteten.
Begriff:	Trümmerfrau, Nachkriegszeit, Schwarzmarkt

Verknüpfung: Wie wird sich der wirtschaftliche Wiederaufbau auf das Verhältnis von Mann und Frau ausgewirkt haben?

2. Leitfrage: **Was hat eine Waschmaschine mit Schönheit zu tun?**

(1956)

Soll ich es Ihnen sagen ?

Was Ihnen bei mir rätselhaft erscheint,
mein gutes Aussehen, mein Gepflegt-Sein,
meine gute Laune, meine Freizeit - -
das alles ermöglicht mir die

Constructa

der Waschapparat
mit der vollen Automatic.

Die Mühen der Waschtage
bedrücken mich nicht mehr.
Vollautomatisch wird die
Wäsche vom Einweichen bis
zum Trockenschleudern
in gut einer Stunde blütenrein
und schonend gewaschen.
Sagen Sie selbst, kann es
etwas Schöneres geben für
die Hausfrau?

Werbeanzeige aus der Zeitschrift »Der Spiegel« 29

Stützfrage: Welche Wünsche spricht die Anzeige an?

Hintergrund: In den 50er Jahren, während der Zeit des »Wirtschaftswunders«, übernahmen die Männer wieder die alten Arbeitsplätze, die geschlechtsspezifische Arbeitsteilung setzte sich erneut durch, und die Frauen wurden zurück in die Familie verwiesen. Die Frauen trugen Korsetts und Stöckelschuhe. Viele von ihnen waren froh, ihre alte Rolle als Haus- und Ehefrau wieder einnehmen zu können. Die Hausarbeit wurde durch technische Geräte immer mehr rationalisiert.

Merksatz: In der Zeit des »Wirtschaftswunders« wurden Frauen aus wirtschaftlicher Sicht hauptsächlich als Konsumentinnen betrachtet.

Begriffe: Werbung, Konsum

Erkundung: (Werbeprogramm im Fernsehen) Welche Werbesendung richtet sich an Frauen und welche an Männer?
Lege eine Liste an: Produkt – Adressat!

Verknüpfung Das Familienleben zur Zeit des »Wirtschaftswunders« – Welche Probleme könnte es gegeben haben?
(Hausaufgabe):

37

3. Leitfrage: *Was sind »Schlüsselkinder«?*
(erweiterte Aufgabenstellung)

(1959) »Die Berufsarbeit der jungen Ehefrau gibt heute, da Wohnungen immer noch knapp und teuer sind, oft überhaupt erst die Grundlage für ein eigenes Heim, für Erlösung aus dem möblierten Zimmer und damit auch für die Gründung einer Familie.
Anders sieht die Lage aus, wenn Kinder kommen. [...] Sehr oft treibt gar nicht finanzielle Notlage die Ehefrau zur weiteren Berufsarbeit, sondern der Dämon ›Lebensstandard‹. [...]
In diesem Zusammenhang soll auch die Frage der ›Schlüsselkinder‹ gestreift werden.
Wenn die berufstätige Mutter ihre Kinder, weil sie niemanden zur Beaufsichtigung hat, einschließen oder ihnen den Wohnungsschlüssel überlassen muß, dann sollte, wenn nicht dringliche wirtschaftliche Gründe vorliegen, die Entscheidung noch immer gegen Berufsarbeit der Mutter ausfallen.«

Aus einem Ratgeber für Ehe- und Familienleben 30

Stützfrage: Wie wird die Berufstätigkeit der Frau betrachtet?

Hintergrund: In Zeitschriften und Büchern wurde viel über das Ehe- und Familienleben geschrieben. Nach der Zeit des Nationalsozialismus wurde in der Bundesrepublik das Ideal der harmonischen und toleranten Ehe vertreten. Das sogenannte »erfüllte Privatleben« galt als erstrebenswert.

Merksatz: Die Erwerbstätigkeit der Ehefrau und Mutter wurde in der Nachkriegszeit selbstverständlicher.

Begriffe: Lebensstandard, Schlüsselkinder

Hausaufgabe: Beruf oder Familie – schließt das eine das andere aus?

11. Stunde

Stundenthema: **Gleichberechtigung**

Welche Chancen haben Frauen in der Bundesrepublik?

1. Leitfrage: *Was sagt das Grundgesetz?*

(1949) »Art. 3
(1) Alle Menschen sind vor dem Gesetz gleich.
(2) Männer und Frauen sind gleichberechtigt.
(3) Niemand darf wegen seines Geschlechts, seiner Abstammung, seiner Rasse, seiner Sprache, seiner Heimat und Herkunft, seines Glaubens, seiner religiösen oder politischen Anschauungen benachteiligt oder bevorzugt werden.«

Stützfrage: Was sind die Unterschiede zwischen dem ersten Absatz und den folgenden beiden?

Hintergrund: Erst nach langen Auseinandersetzungen konnten die vier Frauen im Parlamentarischen Rat, der das Grundgesetz formulierte, durchsetzen, daß die Gleichberechtigung von Mann und Frau verfassungsmäßig gesichert wurde.

Merksatz: Das Grundgesetz schreibt vor, daß Männer und Frauen gleichberechtigt sind und jede Diskriminierung verboten ist.

Begriffe: Grundgesetz, Parlamentarischer Rat

Auftrag: Stelle Vermutungen an, in welcher Situation Gleichheit vor dem Gesetz für die Gleichberechtigung nicht ausreicht.

Verknüpfung: Wo werden Frauen heute noch benachteiligt?

Warum keine Bundeskanzlerin?

(1986) »Im zehnten Bundestag sind z. Zt. 54 weibliche Abgeordnete. Ihr Anteil an der Gesamtzahl der 520 Abgeordneten [...] beträgt damit 10,38 Prozent. Als dieser Bundestag seine Arbeit aufnahm, waren 51 Frauen dabei. Das kommt daher, daß Parteien Frauen gerne auf die sogenannten Nachrückerplätze setzen. 20 weibliche Abgeordnete gehören zur CDU/CSU-Fraktion (7,8 Prozent), 22 zur SPD (10,9 Prozent), 4 zur FDP (11,4 Prozent) und 8 zu den Grünen (25,0 Prozent).

[...]

Keine Regierung – ob im Bund oder Land – verzichtet heute auf eine Frau im Kabinett und jede hat zumindest eine Staatsekretärin.« Aus einer Informationsbroschüre der Bundesregierung 31

Stützfrage: Warum verzichtet heute keine Regierung auf eine Frau im Kabinett?

Hintergrund: Über 50% der Wahlberechtigten sind Frauen. In den Parteien gibt es dagegen weniger Frauen als Männer. Bei der Vergabe von Listenplätzen für Kreis-, Land- und Bundestagswahlen werden Frauen häufig erst an letzter Stelle berücksichtigt.
Inzwischen gibt es in allen Parteien Gruppen, die versuchen, gegen diese Diskriminierung in ihrer eigenen Partei zu kämpfen. Manche fordern eine Quotierung, d. h., sie fordern, daß Frauen soviel Mandate zustehen sollen, wie ihr Anteil an Mitgliedern ausmacht.

Merksatz: Der Anteil weiblicher Abgeordneter in den Parlamenten (höchstens 10%) ist gemessen am Anteil der Frauen in der Wählerschaft (über 50%) sehr niedrig.

Begriff: Quotierung

Auftrag (Hausaufgabe): Im Bundestag wird über die Neufassung des Gesetzes zum Mutterschutz verhandelt und abgestimmt. Eine Abgeordnete ergreift das Wort und meint, der Bundestag könne in dieser Frage gar nicht die Mehrheit der Wählerschaft vertreten. Formuliere ihre Rede!

Verknüpfung: Die Stellung der Frau in der Politik – ein Vorbild für die ganze Gesellschaft?

3. Leitfrage: *Ist eine Geschäftsführerin ein Mann?*
(erweiterte Aufgabenstellung)

(1986) »Wir suchen möglichst umgehend den
Geschäftsführer/in
Die souveräne Beherrschung der kaufmännischen Tätigkeiten im
Sinne von Managementinstrumentarium wird vorausgesetzt. [...]
Der Kandidat wird Leiter eines Hörfunksenders, der sich allein
aus Werbung finanzieren muß. Die Führung von redaktionell, ver-
käuferisch, kaufmännisch und technisch tätigen Mitarbeitern setzt
ein hohes Maß an organisatorischen Fähigkeiten voraus.«

Stellenanzeige aus der Wochenzeitung »Die Zeit« 32

Stützfrage: Wird eine Frau, die sich um die Stelle bewirbt, die gleichen Chancen wie ein Mann haben? Begründe Deine Ansicht mit dem Text
der Anzeige!

Hintergrund: Trotz der vom Grundgesetz geforderten Gleichberechtigung
werden Frauen auch heute noch nur selten in Führungspositionen eingesetzt. Immer noch gibt es eine geschlechtsspezifische
Arbeitsteilung, die Frauen in untergeordnete Positionen ver-
weist, obwohl viele Frauen inzwischen eine qualifizierte Ausbildung erhalten.

Merksatz: Immer noch sind Frauen im Berufsleben benachteiligt.

Begriffe: Karriere, Chancengleichheit

Auftrag: Nimm eine Tageszeitung und ordne die Stellenangebote danach,
ob eine Frau oder ein Mann gesucht wird! Begründe Deine Einordnung!

12. Stunde

Stundenthema: Bestandsaufnahme

Wird die Zukunft weiblicher?

1. Leitfrage: *Kommen der »neue Mann« und die »neue Frau«?*

(1985)   »Der Wandel der Geschlechterrollen hat in den vergangenen Jahren zu einigen bemerkenswerten Veränderungen geführt. [...] Es sind nicht nur neue Leitbilder entstanden, so die ›neue Flexibilität‹ bei Frauen, die ›neue Empfindsamkeit‹ bei Männern, sondern es haben sich veränderte Verhaltensformen und Lebensentwürfe etabliert [= herausgebildet]. [...]
Wir haben festgestellt, daß sich das traditionelle Rollenmuster der Frauen als Nur-Hausfrau und Mutter offensichtlich nur bei einer – vorwiegend älteren – Minderheit der Frauen erhalten hat. Im Bewußtsein vor allem der jüngeren Frauen scheint dagegen ein neues Leitbild bereits fest verankert zu sein, das traditionell ›weibliche‹ Rolleninhalte wie Einfühlsamkeit und Zärtlichkeit mit bewunderten ›männlichen‹ Eigenschaften wie Selbstsicherheit, berufliche Kompetenz und Unabhängigkeit verbindet. [...]
Es gibt viele Hinweise, daß insbesondere jüngere Frauen Rollenflexibilität nicht nur von sich selbst, sondern auch von ihren männlichen Partnern fordern. [...] Partnerschaft zwischen Mann und Frau kann heute als unbestrittene und universelle [= allgemeinverbindliche] Norm für das Verhalten der Geschlechter zueinander gelten.«

Aus einer wissenschaftlichen Umfrage über die Jugend 33

Stützfrage: Inwiefern haben sich die Geschlechterrollen in den vergangenen Jahren gewandelt?

Auftrag: Was erwartest Du vom anderen Geschlecht? Vergleiche dies mit den Ergebnissen der obigen Studie.

Verknüpfung: Wieweit hängt die Gleichstellung der Frau von der oder dem einzelnen ab?

2. Leitfrage: *Wie kann die Gleichstellung erreicht werden?*

Möglichkeiten:	Aktueller Befund:
1. Möglichkeit: »Frauen gemeinsam sind stark.« *Ist die Abwesenheit der Männer befreiend?* Begriff: Solidarität Rückbezug: 6. Stunde	In der Bundesrepublik gab es 1986: 11 Frauenmitfahrzentralen 13 Frauenferienhäuser 33 Frauenbuchläden 56 Frauenkneipen und -cafés 117 Häuser für geschlagene Frauen 140 Frauenzentren Männer haben keinen Zugang zu diesen Einrichtungen.
2. Möglichkeit: »Lieber forschen statt gehorchen.« *Können Frauen Naturwissenschaft und Technik erobern?* Begriff: Bildung Rückbezug: 2. Stunde	»Da man davon ausgeht, daß bei Mädchen und Frauen naturwissenschaftlich-technische Begabungen in weit größerer Zahl brachliegen als bei Jungen, ist es ein realistisches Ziel, daß der Arbeitsplatzanteil von Frauen – insbesondere im computergestützten Dienstleistungsbereich – ausgebaut werden kann. Die Voraussetzung dafür: Frauen müssen schneller und intensiver mit den neuen Techniken vertraut gemacht werden und sich selbst damit auseinandersetzen.« Bundesministerium für Bildung und Wissenschaft 34
3. Möglichkeit: »Gegen Diskriminierung am Arbeitsplatz« *Kann die Gleichstellung im Erwerbsleben erreicht werden?* Begriff: Arbeit Rückbezug: 3. Stunde	»Das Zoologische Institut der Universität Hamburg hatte einer Tierpflegerin die Einstellung bereits zugesagt. Statt ihrer wurde dann aber doch ein – weniger qualifizierter – Mann eingestellt. Die Begründung: Eine Frau sei als Pflegerin von Kleintieren »aus körperlichen Gründen« ungeeignet. Mit Unterstützung der Leitstelle für die Gleichstellung der Frau in Hamburg klagte die Frau vor dem Arbeitsgericht. Die Universität muß ihr für den Verlust des Arbeitsplatzes 5000 Mark zahlen.« Der Spiegel 35

Möglichkeiten:	Aktueller Befund:
4. Möglichkeit: »Gleiche Arbeit für Mann und Frau im Haushalt« ***Wann übernehmen Männer Hausarbeit?*** Begriff: Familie Rückbezug: 1. Stunde	Pro Woche werden in der Bundesrepublik folgende Arbeitsstunden geleistet (in Millionen): Landwirtschaft 124 Handel und Verkehr 200 Dienstleistungen 266 Industrie und Handwerk 534 Haushalt 852 Aus einer Umfrage 1985: »Was Männer im Haushalt machen: 84% bügeln nie 79% waschen nie die Wäsche 73% putzen nie Fenster 65% wischen nie den Boden auf 64% machen nie das Bad sauber 55% gießen nie die Blumen« 36
5. Möglichkeit: »Weg mit der Bescheidenheit« ***Sollen Frauen weibliche Mehrheiten durchsetzen?*** Begriff: Politik Rückbezug: 5. Stunde	Frauen stellten 1986: 54% aller Wahlberechtigten 10% aller Bundestagsabgeordneten 24% aller Parteimitglieder Immer mehr Frauen fordern in den Parteien eine »Quotierung« für die Kandidatenlisten, d.h., daß soviel weibliche Kandidaten aufgestellt werden, wie die Partei Mitglieder hat.
6. Möglichkeit: »Gegen die Macht der Männer« ***Hat der Mann endgültig versagt?*** Begriff: Feminismus Rückbezug: 11. Stunde	»Der Mann als Wertträger und Wertsetzer in der patriarchalischen Kultur wird an seinen schändlichen, fahrlässigen oder dummen Taten durchschaubar als einer, der Lebensgefährliches, Menschengefährliches, Erdengefährliches angerichtet hat und weiter anrichtet. Dem Mann als Kulturträger ist nicht zu trauen, nicht zu glauben, auf ihn richtet sich keine Hoffnung, mit ihm verbindet sich keine Zukunft [...] Der Wert dessen, was der Mann zum Wert erhob, entlarvt sich als Täuschung. Christina Thürmer-Rohr, Feministin, 1986 37

Didaktische Begründungen und Hinweise

1. Stunde (= 1. Kernstunde)

1. Leitfrage: Wie soll das Familienleben aussehen?

Die Zeichnung zeigt die typische Rollenverteilung innerhalb der **bürgerlichen Familie,** deren ideologische Untermauerung Vorbild des Zusammenlebens zwischen Männern und Frauen **im 19. Jahrhundert** wurde. Vater und ältester Sohn sehen aus dem Fenster, ›verlassen‹ **die Privatsphäre** der Familie. Das Buch in der Hand des Vaters, des Jungen Hand auf dem Globus ordnen den männlichen Familienmitgliedern die Bereiche des Verstandes, Wissens und der außerfamiliären Welt zu.

Die Mutter, zärtlich gebeugt über die sich umarmenden Kleinkinder, das Buch aus der Hand auf den Tisch gelegt, sitzt im Innern des Raumes. In ihre Zuständigkeit fällt das Gefühl und die Mütterlichkeit. Ihr Blick ist auf die kleinsten Kinder, nicht aus dem Fenster gerichtet.

Konfrontiert mit einer Zeichnung des letzten Jahrhunderts können die Schüler/-innen die grundlegenden **Geschlechtsmuster** erkennen und benennen. Die durch die historische Ferne (s. z. B. die Kleidung) signalisierte Fremdheit eröffnet ihnen dabei die Möglichkeit, sich einem Thema, das sie selbst angeht, zu nähern, ohne sich selbst thematisieren zu müssen.

2. Leitfrage: Welche Aufgaben haben Mann und Frau?

Der als zweiter Arbeitsschritt zu untersuchende Text kommentiert und erweitert das im Bild Gestaltete und bietet den Schüler/inne/n **die zeitgenössischen ideologischen Begriffe.** In der Gegenüberstellung **Gefühl – Arbeit** sind wesentliche Momente der Problematik der »Frauenfrage« auf ideologischer Ebene angeführt, die dann auch die Auseinandersetzungen des 19. Jahrhunderts und teilweise des 20. Jahrhunderts prägen. Idealisiert wurde eine geschlechtsspezifische Arbeitsteilung, die die Frauen in **den geschützten Binnenraum Familie** verwies und die auch heute noch das Leben vieler Frauen bestimmt. Zudem wird in dem Text als die wesentliche Aufgabe der Frau ihr alleiniges Dasein für den Mann betont.

3. Leitfrage: Warum wünscht eine Frau, ein Mann zu sein?

Die Erweiterung der Problematik ist über das Gedicht von Annette von Droste-Hülshoff möglich, insofern hier gegenüber den beiden vorangegangenen Materialien **ein Blickwechsel** vorliegt und deutlich wird, daß das allgemein positiv besetzte Familienleben für Frauen auch die Erfahrungen von Eingesperrtsein mit sich bringen konnte. »Jäger auf freier Flur« ist das Bild einer **Ausbruchsphantasie,** die für eine Frau, die »fein und klar wie ein artiges Kind« zu sein hat, nur heimlich, in eingeschränktestem Rahmen (»heimlich lösen mein Haar«) real werden kann.

Zugleich zeigt dieses Gedicht, entstanden in der Einsamkeit am Schreibtisch, daß die ideologischen Vorstellungen über Mann und Frau durchaus den Alltag prägten.

2. Stunde (= 2. Kernstunde)

1. Leitfrage: Wozu ist die Schule gut?

In dieser Stunde soll deutlich werden, daß die Vorstellungen **zur geschlechtsspezifischen Arbeitsteilung** auch die **Erziehung** bestimmten. Anknüpfungen an die vorige Stunde sind hier für die Schüler/innen möglich und erwünscht.

Der erste Text zeigt als Begründung für die Notwendigkeit eines Schulbesuches für Mädchen, daß diese auf ihr Wesen, auf ihre **Weiblichkeit** vorbereitet werden sollten. Es erforderte eine **besondere Erziehung,** um sie für ihr späteres Leben als Ehefrau, Mutter und Hausfrau zu formen.

2. Leitfrage: Was gilt als typisch für Jungen und Mädchen?

Theodor Lessings (1872–1933) Erinnerung veranschaulicht **das Zwanghafte der Erziehung** aus der Sicht eines Jungen, der die geschlechtsspezifischen Erwartungen als genauso erdrückend empfand, wie manche Mädchen die Erwartung, sie sollten fügsam sein. Krieg- und Indianerspielen, auch heute noch **typische Jungenspiele,** entsprachen zudem dem **Männlichkeitsbild** des Wilhelminischen Deutschland.

3. Leitfrage: Wie lernt man Hausfrau?

Werden im Kernbereich der Stunde grundlegende Momente **geschlechtsspezifischer Sozialisation** thematisiert, die auch heute noch zu finden sind (eine Diskussion darüber mit den Schüler/inne/n ist vielleicht möglich, s. Hausaufgabe), so bietet die 3. Leitfrage die Möglichkeit, diese Kenntnisse mit der Schulausbildung zu konfrontieren und zugleich die Frage der **Schichtenzugehörigkeit** aufzunehmen.

Das **bürgerliche Mädchen** lernte Französisch, Musik und Malen, um ihren zukünftigen Haushalt ausschmücken und ihren Ehemann mit Musikgenuß und französischer Konversation erfreuen zu können. Die hohen Kosten für das Pensionat lassen auf die Schichtenzugehörigkeit der Schülerinnen schließen. (S. hierzu die Lernkontrolle S. 80, in der der Lebenswunsch eines proletarischen Mädchens thematisiert wird.)

---

3. Stunde (= 3. Kernstunde)

1. Leitfrage: Was macht eine Frau ohne Mann?

Diese Frage ist überraschend und leitet über zu einer grundlegenden Problematik im Leben der Frauen im letzten Jahrhundert, die u. a. ein **Ausgangspunkt der Frauenbewegung** war. Durch **Familienideologie, Erziehung und Schulbildung** wurden die Frauen auf ein Leben als **Hausfrau und Mutter** vorbereitet und festgelegt. Andererseits zeigt die Statistik, **daß 50% der Frauen ledig waren.** Dies bedeutete besonders für die bürgerlichen Mädchen und Frauen materielle Not und den Zwang, als arme Verwandte oder Gouvernante in einer Familie zu leben oder – oft auch heimlich – sogenannte weibliche Tätigkeiten gegen Stücklohn auszuüben. Hier ist eine Anknüpfung an die vorige Stunde möglich, da sich die Frage stellt, was **Frauen ohne Berufsausbildung** in dieser Situation tun können.

2. Leitfrage: Können Frauen jeden Beruf ergreifen?

Louise Otto-Peters Ausführungen thematisieren **einen Zusammenhang zwischen Arbeitsbereichen der Frauen und Weiblichkeitsmustern,** die den Schüler/inne/n durch die vorangegangenen Unterrichtsstunden vertraut sind. Die Herausbildung **typisch weiblicher Arbeiten in der Industriegesellschaft** wird so verständlich. Andererseits gewinnen mögliche **Berufswünsche von Schülern und Schülerinnen** vielleicht eine geschichtliche Begründung (vgl. Stundenbaustein ›Lohndiskriminierung‹). Zudem kann hier die in der ersten Unterrichtsstunde mit der 2. Leitfrage erarbeitete Kategorie **der geschlechtsspezifischen Arbeitsteilung** wieder aufgegriffen werden.

3. Leitfrage: Was hat Nähen mit Industrie zu tun?

Die Fabrikarbeit wird über die Erinnerungen Ottilie Baaders kontrastiert mit der **Heimarbeit,** die ein wesentliches Betätigungsfeld der Frauen blieb – ließ sich diese doch am besten mit der **Hausarbeit** verbinden. Isolation am häuslichen Arbeitsplatz verhinderte eine gemeinsame Interessenvertretung (Gewerkschaft), was geringere Entlohnung und erhöhte Ausbeutung zur Folge hatte.

Zugleich wird deutlich, daß Frauenarbeit nicht leichter war, sondern durchaus Mühsal bedeutete. Die Akkordarbeit hielt Einzug in das Wohnzimmer. Außerdem wird hier ein noch aktuelles Problem, das der **Doppelbelastung** angesprochen (s. hierzu Stundenbausteine ›Gleichberechtigung‹ und ›Doppelbelastung‹). In diesem Zusammenhang wäre es auch möglich, nochmals an den ersten Text, 2. Leitfrage der ersten Unterrichtstunde zu erinnern, da der **Kontrast zwischen Ideal und Wirklichkeit** deutlich wird.

---

4. Stunde (= 4. Kernstunde)

Diese Stunde greift ein Problem auf, dessen Gegenwartsbezug unverkennbar ist und auch thematisiert werden sollte.

1. Leitfrage: Warum verdienen Frauen weniger?

Der Text beschreibt eine Erscheinung, die u. a. als Folge des in der letzten Unterrichtsstunde Erarbeiteten zu entschlüsseln ist. Hier gibt es Verknüpfungs- und Vertiefungsmöglichkeiten, die auch das Moment der Weiblichkeitsideologie wieder aufnehmen lassen (Stichwort: Nebenverdienst).

Daß um 1900 eine Schrift erscheint, die sich ausführlich mit dem Thema »**Frauen-löhne**« auseinandersetzt, sollte ein Hinweis für die Schüler/innen darauf sein, daß es sich hierbei um eine von Zeitgenossen ernstgenommene und weit verbreitete Thematik handelte.

2. Leitfrage: Welche Folgen haben die niedrigen Frauenlöhne?

In der Quelle wird das Problem der **Konkurrenz** aus der Sicht der betroffenen Männer beschrieben. Die Äußerung des Manifestes zeigt zudem, daß die **niedrigen Frauenlöhne** zu einer **Umkehr der Geschlechterrollen** führen konnten. Die Schüler/innen können hierdurch nochmals die Diskrepanz zwischen Weiblichkeitsideologie und Realität erkennen. Der Hinweis auf die Pflichten der Frau »als Frau und Mutter« leitet über zur 3. Leitfrage.

3. Leitfrage: Braucht die Frau einen besonderen Schutz bei der Arbeit?

Diese Frage bedeutet eine weitere Anforderung, da hier das Problem des speziellen **Arbeitsschutzes** für Frauen angesprochen und mit der Frage der oben angesprochenen Konkurrenz verbunden wird. Hier können die Schüler/innen ein grundlegendes Problem der Frauenarbeit in der Industriegesellschaft erkennen und diskutieren. Auffällig ist in diesem Zusammenhang **die Nähe mancher radikaler feministischer Positionen zu liberalen Auffassungen,** die – wenn auch aus unterschiedlichen Motiven – vehement **gegen eine Sonderstellung** der Frau argumentierten. Gefragt werden könnte hier, ob die völlige Gleichstellung zwischen Mann und Frau im Arbeitsleben für die Frauen mehr Freiheit und größere Chancen bedeutet.

Aktualisierungen dieses Problems (Stichwort: Erziehungsjahr und Erziehungsgeld, Arbeitsplatzsicherheit) bieten sich an. Auch die Forderung, Frauen in die kämpfenden Einheiten der Bundeswehr aufzunehmen, könnte hier diskutiert werden.

---

5. Stunde (= 5. Kernstunde)

In dieser Stunde wird ein Problem aufgegriffen, das der Vergangenheit angehört: **der Kampf um das Frauenwahlrecht.**
Das Material wurde jedoch so gewählt, daß die allgemeine Bedeutung der **Teilhabe an politischen Entscheidungen** diskutiert, d. h. ein für den politisch-geschichtlichen Unterricht allgemein bedeutendes Thema erarbeitet werden kann.

1. Leitfrage: Ist Politik unweiblich?

Lily von Gizyckis (später Braun: sie gehörte erst dem radikalen Flügel der bürgerlichen Frauenbewegung an, wechselte später zur SPD) Ausführungen greifen polemisch eine den Schüler/inne/n nun bekannte Erscheinung auf - **die Diskrepanz zwischen Weiblichkeitsvorstellungen und dem realen Leben** der Frauen - und verbinden diese mit der **Forderung nach Frauenwahlrecht.** Ihrem Text lassen sich im Umkehrschluß Argumente gegen dieses Recht entnehmen.

2. Leitfrage: Gefährdet die Politik die Familie?

In der historischen Einordnung und Interpretation des Zeitungsausschnittes können die Schüler/innen mit den Begriffen **Öffentlichkeit und Privatsphäre** arbeiten und auf Kenntnisse aus der ersten Unterrichtsstunde zurückgreifen.

Interessant ist auch die Verwendung des Begriffes »schwächeres Geschlecht« im Zusammenhang mit der politischen Gleichstellung der Frauen. Es geht hier explizit um eine **Machtfrage,** die alle Idealisierungen der Frau doppelbödig werden läßt.

Für die **Zeit des Kaiserreichs** ist zudem die Frage wichtig, welches **Wahlrecht** die Frauen forderten – **das allgemeine oder das Klassenwahlrecht.** An dieser Frage entzündeten sich die Diskussionen zwischen der **proletarischen und der bürgerlichen Frauenbewegung.** Hier könnte gefragt werden, ob die Frauen eher durch ihr **Geschlecht** oder durch ihre **Schichtenzugehörigkeit** bestimmt sind (s. auch 6. Stunde).

3. Leitfrage: Warum kann die Frau das Wahlrecht fordern?

Der Text von Hedwig Weidemann, die dem radikalen Flügel der bürgerlichen Frauenbewegung angehörte, stellt eine höhere Anforderung insofern dar, als die Schüler/innen aufgefordert sind, den Zusammenhang von **staatsbürgerlichen Rechten und Pflichten** zu erkennen und zu klären, wozu man das Wahlrecht eigentlich braucht. Es könnte in einem Unterrichtsgespräch erarbeitet werden, von welchen Gesetzen und politischen Entscheidungen Frauen betroffen sind, die als Hausfrau und Mutter in der Familie arbeiten.

---

6. Stunde (= 6. Kernstunde)

Diese Stunde führt begonnene Diskussionen fort und bietet die Möglichkeit, erworbene Kenntnisse bei der Interpretation des Arbeitsmaterials zu wiederholen und anzuwenden.

1. Leitfrage: Wie treten Frauen an die Öffentlichkeit?

Die Ankündigungen aus dem Vortragsanzeiger geben einen exemplarischen Einblick in **Formen und Themen,** unter denen **bürgerliche Frauen** an die **Öffentlichkeit** traten. Musische Beiträge, Anleitungen zur Kinderpflege und soziale Kurse, die typisch weibliche Tätigkeitsfelder aufgreifen, stehen Frauenstimmrechtsforderungen gegenüber. Es bietet sich an, die Schüler/innen aufzufordern, selbständig das Material vor dem historischen Hintergrund zu interpretieren und Vermutungen darüber anstellen zu lassen, welche Frauen welcher Schichten die Veranstaltungen anboten und besuchten, und warum diese von Frauen durchgeführt wurden.

2. Leitfrage: Frauenbewegung oder Klassenkampf – was hilft den Frauen?

Die anhand des Auszuges aus dem Vortragsanzeiger erkennbare **Solidarität der Frauen wird fraglich** und befragbar durch das Clara Zetkin-Zitat. Die Hervorhebung des **Klassenunterschiedes,** die die Frage des Geschlechts an die zweite Stelle rückt, sollte die Schüler/innen dazu bewegen, Stellungnahmen zu formulieren. An Ottilie Baaders Lebenserinnerung (3. Stunde) kann erinnert werden. Hier wird dann eine Diskussion möglich, die wichtige Momente der Auseinandersetzungen der modernen Frauenbewegung aufgreift und die ein zentrales Problem der Frauengeschichte aufzeigt: sind Frauen durch ihr Geschlecht oder durch ihre gesellschaftliche Stellung definiert?

3. Leitfrage: Gehört die Straße nachts den Männern?

Diese Frage führt zu einer zeitlosen Geschlechterproblematik und läßt – ohne die Schüler/innen zu einer im Schulalltag manchmal schwer durchführbaren Diskussion über sexuelle Gewalt zu zwingen – **Momente alltäglicher Gewalt** gegen Frauen über die Distanz historischer Ferne erkennbar werden.

---

7. Stunde (= 1. Erweiterungsstunde)

In dieser Stunde soll der Krieg auf zwei Ebenen thematisiert werden: auf der subjektiven (Wie taucht er auf in der Vorstellung der Frauen? 1. und 2. Text) und auf der objektiven (Was verändert er im Berufsleben der Frauen? 2. Text):

1. Leitfrage: Wie kämpfen die Frauen?

Dieses Gedicht Dehmels verherrlicht die **allgemeine Kriegsbegeisterung 1914** und beschreibt, was auch auf vielen damaligen Fotos deutlich wird: die den Soldaten nachwinkenden Frauen, die sich durch den Krieg aufgenommen fühlen ins »**große Ganze**«. Das Gedicht suggeriert, daß die Aufgabe der Frauen »in der Heimat« es sei, das Herz des Soldaten zu stärken, selbst nur mit dem Herzen zu kämpfen, denn Krieg sei Männersache.

2. Leitfrage: Wer baut die Bomben für Männer und Söhne?

Die Statistik zeigt, daß Krieg durchaus nicht nur Männersache ist, sondern daß vielmehr **Kriegsführung ohne die Arbeit der Frauen unmöglich** ist.
Zweierlei ist der Statistik zu entnehmen: daß die Frauen verstärkt in der industriellen Produktion eingesetzt, aber nach dem Krieg wieder entlassen wurden. Allerdings bleibt – vergleicht man 1914 und 1921 – eine Verschiebung dahingehend, daß, bedingt durch den Krieg, **die Frauen in ihnen bisher verwehrte Arbeitsbereiche eindrangen.** Hier kann nochmal auf die zweite Leitfrage der 3. Unterrichtsstunde zurückgegriffen werden.

Der Einsatz von Frauen in der Kriegswirtschaft ist **auch typisch für den Zweiten Weltkrieg.** Da auf dieses Thema nicht noch einmal zurückgekommen werden soll, ist hier ein Hinweis darauf angebracht.

3. Leitfrage: Sind Frauen friedlicher?

Hier wird der sogenannte **weibliche Pazifismus** angesprochen, dessen Argumente heute wieder auftauchen.

Ausgehend von der Verknüpfung lassen sich die Belastungen für die Frauen aus dem Kriegsgeschehen thematisieren (Nahrungsmangel, Ersatzwirtschaft, Angst um Männer und Söhne u.a.), um dann eine spezifisch weibliche Sicht, die sich auch als solche versteht, vorzustellen. Eine Diskussion über das in Lida Gustava Heymanns Text behauptete **männliche und weibliche Prinzip** kann hier vielleicht vor dem Hintergrund des schon Erarbeiteten geführt werden und die Argumente in leistungsstarken Gruppen jeweils historisch eingeordnet und bewertet werden. (S. auch Stundenbaustein ›Männlich/Weiblich‹).

In diesem Zusammenhang kann ein Hinweis auf **Rosa Luxemburg** angebracht sein, zumal auch in der **Sozialdemokratie** die **Frauen die radikalsten Kriegsgegnerinnen** waren.

---

8. Stunde (= 2. Erweiterungsstunde)

1. Leitfrage: Hat die Schreibmaschine die Frau befreit?

Hier soll besprochen werden, was Ende des 19. Jahrhunderts einsetzte: in dem Maße, wie auch **im Büro die Arbeitsvorgänge in kleinere Arbeitsschritte zerlegt** wurden, fanden Frauen zunehmend Aufnahme. Die Schreibmaschine hat hier eine besondere Bedeutung, insofern sie es ermöglicht, das Formulieren eines Textes vom reinen Abschreibvorgang zu trennen. Zudem nahm man an, daß die beim Klavierspielen von den Mädchen erworbene **Fingerfertigkeit** dem Schreibmaschineschreiben besonders entgegenkomme.

Die Bewertung dieser Frauenarbeit auch in bezug auf die **Hierarchie eines Büros** können die Schüler/innen bei der Interpretation des Werbeplakats erarbeiten. Aktualisierungen sind hier möglich (vgl. 11. Stunde, 3. Leitfrage).

2. Leitfrage: Macht Schönheit immer Spaß?

Hier wird ein Problem aufgegriffen, daß vielerorts immer noch prägend für den Alltag der Frauen ist. Zudem ist es möglich, ein Thema zu streifen, daß auch den Schüler/inne/n in ihrem Alltag bekannt ist: Schönheit, gepflegtes Aussehen nehmen immer noch eher die Schülerinnen als die Schüler für sich in Anspruch. Vielleicht ist es möglich, dieses Thema so zu diskutieren, daß deutlich wird, daß **weibliche Schönheit** etwas mit **Marktwert** zu tun hat. Auch der Stellenwert von **Frauenzeitschriften** kann angesprochen werden. Ausgehend von der Verknüpfung zur 3. Leitfrage können die Schüler/innen verstärkt ihre eigenen Vorstellungen thematisieren, z. B.: Kleidung als Abgrenzung von den Eltern.

3. Leitfrage: Moderne Frau – Wo bleibt die Weiblichkeit?

Die Karikatur zeigt, daß das neue Aussehen der Frauen für Verwirrung sorgte und Anlaß zu Witzen gab.

Die Karikatur bewegt sich auf zwei Ebenen: der des Generationskonfliktes, der hier mit traditionellen Vorstellungen über die Geschlechter verbunden wird. Außerdem wird die Moderne hier vorgestellt als die Verwischung der Männlichkeits- und Weiblichkeitsmuster. Dem alten Herrn gehen die Orientierungen verloren. Die Auflösung tradierter Zuordnung erzeugt Unsicherheit.

Die Schüler/innen können mit den erarbeiteten Kategorien Frauenbild, Weiblichkeit und Männlichkeit einen Zugang zu der historischen Dimension der Karikatur finden. Deutlich kann hier auch werden, daß die 20er Jahre auf sozio-kultureller Ebene den Bruch mit dem 19. Jahrhundert endgültig vollzogen (Rückbezug Stundenthema). **Androgynes Aussehen** ist für die Schüler/innen heute eine Selbstverständlichkeit. Ihr eigenes Äußeres gewinnt über diesen Witz der 20er Jahre vielleicht einen Anflug einer geschichtlichen Dimension.

Man könnte hier auch thematisieren, daß sich Mode den veränderten Lebensumständen anpaßt; etwa über die Frage, wie viele Frauen im Reifrock und mit Wagenradhüten in ein Auto oder in eine Straßenbahn paßten.

Spannend wäre auch die Frage, welche Freiheit eine Hose im Vergleich mit einem Rock mit sich bringt (vgl. hierzu Stundenbaustein ›Körper‹).

---

9. Stunde (= 3. Erweiterungsstunde)

Schwerpunkt dieser Unterrichtsstunde zum Nationalsozialismus ist ein Thema, das in letzter Zeit zunehmend erforscht wird und durchaus Brisanz gewinnt auch für neuere Diskussionen zur Gentechnologie: **die nationalsozialistische Bevölkerungspolitik,** in deren Zentrum **die Frauen als Gebärende** standen.

Die Begriffe der Stundenfrage (»Verehrung oder Erniedrigung«) sind für Schüler/innen zunächst abstrakt, umreißen jedoch die **Ambivalanz von NS-Ideologie und gewalttätiger Funktionalisierung weiblicher Körper** durch staatliche Institutionen. Die im Stundenziel angedeutete Gegenüberstellung kann am Ende der Stunde als übergreifende Problemfrage gestellt werden. Es ist möglich, dieses Thema auch in einer Lerngruppe zu erarbeiten, die die Zeit des Nationalsozialismus noch nicht im Geschichtsunterricht kennengelernt hat.

1. Leitfrage: Welche Vorstellungen hat der Nationalsozialismus von Mann und Frau?

Der Text des Heiratsgesuches benennt alle Merkmale, die **das nationalsozialistische Frauenideal** und **das Konzept des Geschlechtsverhältnisses** auszeichnen. Geheiratet werden sollte, um männliche Nachkommenschaft zu zeugen; breite Hüften der Frau versprachen Fruchtbarkeit; der Wunsch, sie solle ohne Eigentum sein, deutet darauf, daß die Frau möglichst wenig eigenständig sein sollte. Das gewünschte Äußere läßt sich gegen die dritte Leitfrage der letzten Stunde konterkarieren. Der Begriff »arisch« impliziert ein wesentliches Moment der **Bevölkerungspolitik,** das in der 2. Leitfrage wieder aufgenommen wird.

2. Leitfrage: Wie werden nichtdeutsche Frauen betrachtet?

Es wurde bewußt ein Text gewählt, der nicht von Jüdinnen, sondern von Frauen der sogenannten Ostgebiete spricht, da damit auf **Opfer** hingewiesen wird, die selten im Blickpunkt der Öffentlichkeit stehen. Außerdem wird dabei deutlich, daß die nationalsozialistische Politik umfassend menschenverachtend war.

Werden der erste und der zweite Text miteinander verbunden, so wird klar, daß die Frauen für die Nationalsozialisten eher den Status von ›Zuchtstuten‹ hatten als den von Individuen.

3. Leitfrage: Warum unterstützt eine Frau den Nationalsozialismus?

Hier wird ein Problem aufgegriffen, daß sehr vielschichtig ist und daher eine erweiterte Anforderung darstellt: das Problem der »**Mittäterschaft von Frauen«** und der »**Verführung der Jugend.«** Außerdem wird in dem Text angedeutet, daß die Frauen auch weiterhin die Mitarbeit im öffentlichen Bereich über die Mutterschaft hinaus anstrebten, auch wenn sie de facto überall den Männern untergeordnet blieben (»manche dicke Kröte schlucken«).

Der Wunsch teilzunehmen am öffentlichen Leben, der auch für viele Frauen im Ersten Weltkrieg prägend war, wird in Melita Maschmanns Erinnerungen sehr deutlich; ebenso **das weibliche Muster der Selbstaufgabe.**

---

10. Stunde (= 4. Erweiterungsstunde)

Thema dieser Stunde ist die **Restauration im gesellschaftlichen Leben der 50er Jahre,** die besonders den Alltag der Frauen prägte. Daß allein die bundesrepublikanische Realität herausgegriffen wird, ergibt sich aus der Überlegung, die gesellschaftliche Situation zu betrachten, in der die Schüler/innen sich bewegen. (S. zur DDR: Stundenbaustein ›Frauen in der DDR‹)

1. Leitfrage: Kriegsende – Was leisten die Frauen?

Mit dieser Frage wird das alltägliche Leben und Überleben der **Nachkriegszeit** aufgegriffen, das hauptsächlich von Frauen getragen wurde.

Ihre tradierte Zuständigkeit für den reproduktiven Bereich führte in dieser Zeit, in der der Produktionsbereich (das Arbeitsfeld der Männer) durch Kriegsfolgen auf ein Minimum reduziert war, dazu, daß Frauen oft allein für den Lebensunterhalt sorgten. Dies brachte auch Machtverschiebungen im Geschlechterverhältnis mit sich (s. Stützfrage).

Die viel gepriesene und fast mit mythischem Wert geladene Trümmerfrau soll hier nicht thematisiert werden (s. Stundenbaustein ›Trümmerfrauen‹), da über das Bild der Trümmer beiseite- und aufräumenden Frau zu leicht das Unspektakuläre, aber unendliche Mühen Kostende des Alltags verdeckt wird.

In diesem Alltag hatten Frauen »das Sagen«. Diese »Weiberwirtschaft« steht kontrastiv zu dem, was über die 2. Leitfrage erarbeitet werden kann.

2. Leitfrage: Was hat eine Waschmaschine mit Schönheit zu tun?

Während der 50er Jahre gewannen **die Frauen als Konsumentinnen** zunehmend an Bedeutung. Daß sie als Käuferinnen in der **Werbung** angesprochen werden, deutet darauf hin, daß sie als Wirtschaftsfaktor, und sei es über den Geldbeutel ihres Ehemannes, eine große Rolle spielten.

Geworben wird für ein Haushaltsgerät mit dem Hinweis auf das tradierte und wieder geforderte Bild der gepflegten, den Mann erfreuenden Ehefrau. Die Hausarbeit wird leichter, der Konsum von **Haushaltsgeräten** wird ein bedeutendes Moment der Marktwirtschaft und zum **Symbol von Lebensstandard.**

3. Leitfrage: Was sind »Schlüsselkinder«?

Der Text ist eine erweiterte Anforderung, da er zeigt, daß die **Erwerbstätigkeit der Ehefrauen eine durchaus übliche Erscheinung** war. Trotz der Wiederaufnahme alter Frauenbilder und der Propagierung der Überlegenheit des Mannes entstand ein **neues Verständnis von einer Ehe, die partnerschaftliche Züge** trägt. Finanzielle Gründe, wie das Streben nach einem gewissen Lebensstandard, erschütterten die alten Rollenvorstellungen. Im Begriff »Schlüsselkind« wird ein Problem angedeutet, das aktuelle Diskussionen berührt. (Aktualisierungsvorschlag: Warum kein Vaterschaftsurlaub?)

---

11. Stunde (= 7. Kernstunde)

Das Thema **Gleichberechtigung** wird in dieser Stunde aufgegriffen mit Blick auf das Grundgesetz, da in aktuellen Auseinandersetzungen um Benachteiligung in Politik und Beruf immer wieder darauf verwiesen wird.

1. Leitfrage: Was sagt das Grundgesetz?

Über die Lektüre und Diskussion des Art. 3 des Grundgesetzes können die Schüler/innen mit Blick auf ihre Gegenwart klären, was **für die Gleichberechtigung über die Gleichheit vor dem Gesetz hinaus** wichtig ist. In einer Lerngruppe, die in der 5. Unterrichtsstunde die dritte Leitfrage erörtert hat, kann auf diese zurückgegriffen werden und die Entwicklung des Wahlrechts seit dem Beginn des 20. Jahrhunderts thematisiert werden.

Zudem können die Schüler/innen nun vor dem Hintergrund ihrer historischen Kenntnisse formulieren, was Gleichberechtigung ist und welche Bereiche sie umfassen sollte.

Die Verknüpfung ermöglicht ihnen, das über Erkundungsaufträge der vorangegangenen Stunde Erarbeitete einzubringen. Es kann das gesamte Spektrum gesellschaftlichen Lebens thematisiert werden – auch als Vorbereitung der Abschlußstunde –, aus dem dann ein Schlüsselbereich herausgegriffen wird.

2. Leitfrage: Warum keine Bundeskanzlerin?

Die Verwendung des Textes zielt darauf, das, was meistens als selbstverständliche Gegebenheit wahrgenommen wird – wenige Frauen im Parlament, vereinzelte nur auf Ministerposten –, zu thematisieren und zu diskutieren. (Vgl. Stundenbaustein ›Parlamente‹)

Auch die Frage nach der Funktion der **Nachrückerplätze** und warum gerade Frauen immer wieder darauf gesetzt werden, wird in diesem Zusammenhang interessant. Außerdem kann hier erörtert werden, ob ein höherer Frauenanteil andere politische Entscheidungen mit sich brächte, und ob es gesellschaftliche Probleme gibt, die Frauen anders als Männer betreffen.

Die Verknüpfung bietet den Schüler/inne/n Raum, ihre Wahrnehmung der Gegenwart zu artikulieren.

3. Leitfrage: Ist eine Geschäftsführerin ein Mann?

Diese Leitfrage stellt eine erweiterte Anforderung dar, da das Moment der geschlechtsspezifischen Arbeitsteilung (Männer in gehobenen Positionen) in der Anzeige mit dem Problem der **Diskriminierung durch Sprache** verbunden wird. Der Begriff »Geschäftsführer/in« weist darauf hin, daß in der Öffentlichkeit inzwischen eine Sensibilität für sprachliche Diskriminierung besteht, die es gebietet, das weibliche Suffix anzuhängen.

Diskriminierung umfaßt aber auch die Tatsache, daß Frauen nur selten Führungspositionen erlangen. Dieser zweite Punkt wird durch den Text der Anzeige, in dem nur noch von dem Kandidaten die Rede ist, deutlich.

12. Stunde (= 8. Kernstunde)

Die Abschlußstunde bewegt sich auf mehreren Ebenen: **subjektive Momente** – Wahrnehmungen und Erfahrungen der Schüler/innen – können mit der **Erörterung gegenwärtiger gesellschaftlicher Entwicklungen** verbunden werden.

1. Leitfrage: Kommen der »neue Mann« und die »neue Frau«?

Die Schüler/innen werden mit den Ergebnissen einer Studie konfrontiert, die **kontrastiv gegen die in der Eingangsstunde erarbeiteten Geschlechterrollen** gesetzt werden können, und die es zugleich ermöglichen, **daß die Schüler/innen sich selbst und ihre Erwartungen thematisieren**. Befragt und erörtert werden hier also **subjektive Momente**. Sprachlich bewegt sich der Text auf sehr hohem Niveau. Seine Begrifflichkeit ist jedoch weitgehend im vorangegangenen Unterrichtsgeschehen vorbereitet oder erarbeitet worden. Die verstehende Lektüre des Textes und die anschließende Diskussion ermöglichen es den Schüler/inne/n daher, erlernte Kategorien anzuwenden und nochmals zu reflektieren.

2. Leitfrage: Wie kann die Gleichstellung erreicht werden?

Die Frage richtet sich auf die **Zukunft**. Aufgegriffen werden **aktuelle gesellschaftliche Erscheinungen**. In den Materialien werden sechs Bereiche angesprochen, deren **historischen Hintergrund** die Schüler/innen kennengelernt haben. Es ist also auch hier möglich, daß diese ihre Kenntnisse diskutierend anwenden und umsetzen. Über die die Materialien jeweils einleitenden **Parolen** werden die Schüler/innen zudem mit Forderungen und Positionen der **neuen Frauenbewegung seit 1968** konfrontiert, auf die hier hingewiesen werden sollte.

Mit den Mädchen einer Klasse oder einer Mädchenklasse könnte eine Lehrerin Einrichtungen aufsuchen, die unter der 1. Möglichkeit (»Frauen gemeinsam sind stark«) genannt werden.

Eine andere Art der Weiterarbeit – vielleicht im Deutschunterricht – wäre es, aktuelle Frauenzeitungen (Beispiel: »Brigitte« – »Emma«) zu lesen.

Zusätzliche Materialien: Stundenbausteine

Vier alternative Einstiege

1. Thema:	**Männlich/Weiblich**
	Ist festgelegt, was männlich und was weiblich ist?
Leitfrage:	*Was ist männliches, was ist weibliches Verhalten?*
1. Auftrag:	Erstellt eine Liste an der Tafel!
2. Auftrag:	Versucht, Einigkeit darüber zu erzielen, was typisch männlich und typisch weiblich ist! Falls das nicht möglich ist, sucht nach Gründen!
3. Auftrag:	Wer bestimmt, was männlich und was weiblich ist?
Verknüpfung:	Erziehung (2. Stunde, 2. Leitfrage)

2. Thema:	**Berufswünsche**
	Sind Berufe für Männer und Frauen festgelegt?
Leitfrage:	*Was wollen Jungen und Mädchen werden?*
1. Auftrag:	Macht eine anonyme Umfrage in Eurer Klasse, bei der jede/r einzelne 1. sein/ihr Geschlecht und 2. seinen/ihren Berufswunsch aufschreibt. Wertet anschließend die Ergebnisse an der Tafel aus.
2. Auftrag:	Überlegt, ob Eure Berufswünsche später verwirklicht werden können! Denkt dabei auch an die Schwierigkeiten, die dabei auftreten werden und sucht Gründe dafür!
Verknüpfung:	– Familie (1. Stunde, 2. Leitfrage)
	– Erziehung (2. Stunde, 1. Leitfrage)

3. Thema:	**Geschichte**
	Haben Frauen keine Geschichte?
Leitfrage:	*Was berichten unsere Geschichtsbücher über die Frauen?*
Auftrag:	Sieh Dein Geschichtsbuch durch und suche Text- und Bildstellen, die etwas über Frauen berichten.

grundlegende ◄——— Aufgabenstellung ———► erweiterte

Greif ein Kapitel Deines Geschichtsbuches heraus!

1. Wie oft werden Frauen erwähnt?	1. Wie oft werden Frauen erwähnt im Vergleich zu Männern erwähnt?
2. Worüber berichtet dieses Kapitel Deines Geschichtsbuches?	2. Was könnte das, worüber dieses Kapitel Deines Geschichtsbuches berichtet, mit Frauen zu tun haben?
3. Überlege, was über die Frauen damals zu berichten wäre!	3. Was könnte darüber hinaus über das Leben der Frauen zu berichten sein?

Stelle Vermutungen an, warum Frauen in der Geschichtsforschung und in Deinem Geschichtsbuch nicht/kaum berücksichtigt werden!

| Verknüpfung: | – Familie (vgl. 1. Stunde, 2. Leitfrage) |
| | – Politik (vgl. 5. Stunde, 2. Leitfrage) |

4. Thema: Männergesellschaft

Welche Rolle spielen Frauen im öffentlichen Leben?

Leitfrage: ***Sind Frauen unsichtbar?***

(1974) »Wenn ich die Zeitung aufschlage, wenn im Fernsehen von ernsten Dingen die Rede ist [...], dann scheint es mir, als sei ich in diesem Männerstaat nur zu Gast. Der höchste Repräsentant des ganzen Volkes, der Bundespräsident, wird von der Bundesversammlung gewählt. Die bestand letztens aus knapp 1000 Männern und 75 Frauen; die weibliche Hälfte der Nation war an diesem Willensakt nur symbolisch beteiligt [...]. Wo immer der Staat sich seinen Bürgern und Bürgerinnen darstellt, trägt er Schlips und Kragen. Ob im Versammlungssaal oder auf dem Bildschirm, ob für oder gegen die Regierung, ob es um Milchpreise geht oder um den Weltfrieden – immer ist es ein Mann, der uns sagt, was wichtig ist.«   Susanne von Paczensky, Journalistin 38

Stützfrage: Wogegen wendet sich die Autorin?

grundlegende ◄── Aufgabenstellung ──► erweiterte

Sieh eine Nachrichtensendung im Fernsehen an. Untersuche die Berichterstattung daraufhin, wie oft und in welchen Zusammenhängen etwas über Männer und über Frauen berichtet wird.

Suche ein Beispiel dafür, daß die Frauen nicht erwähnt werden, obwohl sie genauso dazu gehören.	»Frauen sind in der Bundesrepublik nur zu Gast« – Überprüfe diese These aufgrund Deiner eigenen Erfahrungen.

Verknüpfung: – Politik (5. Stunde, 2. Leitfrage)
               – Gleichberechtigung (11. Stunde, 2. Leitfrage)

Vier Geschichtserzählungen

1. Thema: **Sittlichkeit**

Warum finden bürgerliche Mädchen keine Arbeit?

Leitfrage: *Warum sollen junge Mädchen nicht in einem Büro arbeiten?*

(1869)   »Es sind nun vielleicht sechs, sieben Jahre her, daß ich mich in einer unserer Hafenstädte bei einem aufgeklärten und wohldenkenden Kaufmanne erkundigte, weshalb er in seinem Comptoir nicht Mädchen beschäftige? Ich hatte den heimlichen Zweck, ein paar hübsche, wohlerzogene Töchter aus einer Beamtenfamilie in diese Gewerbetätigkeit einzuführen. Die Mädchen schrieben beide eine schöne Handschrift, sprachen englisch und französisch, rechneten gut, waren an Ordnung gewöhnt, und da das Gehalt des Vaters nicht hinreichend war, die große Familie auch nur notdürftig zu erhalten, war er gezwungen, durch Privatstunden das Mangelnde zu erwerben, was ihm nur auf Kosten seiner Lebenskraft gelang.
Als ich mit dem Kaufmann von der Sache theoretisch sprach, war er mit mir völlig einverstanden. Ich glaubte also, meinem Ziele

59

sehr nahe gerückt zu sein, als er mir persönlich die Erklärung abgab: ›daß nur leider solch ein Versuch ganz unmöglich sein würde‹. ›Aber weshalb denn unmöglich?‹ fragte ich betroffen. ›Sehen Sie‹, gab er mir zur Antwort, ›ich würde die Mädchen unter den jungen Leuten nicht beschützen können. Sie wissen nicht, wie unsere jungen Leute sind. Sie müßten die Redensarten hören, die sie untereinander führen! Und es geht auch sonst nicht. Ich habe früher das Frühstück für die jungen Leute durch unser Hausmädchen in das Comptoir bringen lassen; alle Augenblicke ist da etwas vorgekommen. Bald haben die Mädchen sich über die jungen Leute beschwert, dann wieder hat meine Frau über die Intimität der Mädchen mit den jungen Männern zu klagen gehabt – kurz, es geht nicht. Sie sehen das selber wohl ein.‹ ›Gar nichts sehe ich‹, versetzte ich darauf, ›als daß Sie einige nicht wohlerzogene Männer in Ihrem Geschäfte haben, die sich die unanständige Freiheit nehmen, sich gegen weibliche Dienstboten, die sich selbst nicht achten, unanständig zu betragen. Oder betragen sich die jungen Männer etwa auch unanständig gegen Ihre Töchter?‹ – Der Kaufmann meinte, das sei ganz etwas anderes. Ich mußte ihm das verneinen. ›Glauben Sie, daß Ihre jungen Leute, wenn zwei junge Mädchen aus guten Familien mit ihnen im Geschäft zusammen arbeiten, sich die unschicklichen Reden erlauben würden, die Sie vorhin erwähnten?‹ – ›Bewahre der Himmel, ganz gewiß nicht!‹ versetzte der Kaufmann mit voller Zuversicht. ›Sie müssen also zugestehen‹, nahm ich das Wort, ›daß die Anwesenheit wirklich gesitteter junger Mädchen in den Werkstätten und Comptoiren auf die Gesittung der dort arbeitenden Männer vorteilhaft einwirken würde. Weshalb also wollen Sie den Versuch nicht wagen?‹«

Aus einer Schrift der Frauenrechtlerin Fanny Lewald (1811–1889) 39

Stützfrage: Wovor hat der Kaufmann Angst?

grundlegende ◄—— Aufgabenstellung ——► erweiterte

– Warum sollen die Mädchen Geld verdienen?	– Warum sollen die Mädchen Geld verdienen? Setze dies in Beziehung zu den zeitgenössischen Familienvorstellungen!
– Was sind Reden, die sich für Mädchen aus gutem Hause nicht schicken?	– Warum könnte die Anwesenheit von Mädchen aus gutem Hause vorteilhaft auf das Benehmen der jungen Männer wirken?

Siehst Du einen Gegenwartsbezug in dieser Geschichte, d.h., gibt es heute noch Bereiche, die Frauen verwehrt sind, weil Männer sich dort schlecht benehmen?

Verknüpfung: – Industrie (3. Stunde, 3. Leitfrage)
                 – Solidarität (6. Stunde, 3. Leitfrage)

2. Thema: Moral

Gilt für Männer und Frauen die gleiche Moral?

Leitfrage: ***Warum wäre die Ich-Erzählerin im Mittelalter als Hexe verbrannt worden?***

(1896)   *Der Ehemann Heinrich der Ich-Erzählerin Lily Braun hatte sich erst scheiden lassen, um sie zu heiraten. Lily Braun, Frauenrechtlerin und wie ihr Mann Mitglied der SPD, erinnert sich an eine Begegnung mit dem Vorsitzenden der SPD, August Bebel, und seiner Frau Julie:*

»Nach all diesen Erfahrungen sah ich dem Besuch bei Bebels nicht ohne Herzklopfen entgegen, obwohl wir zu unserer Hochzeit ein Glückwunschschreiben erhalten hatten. Vielleicht war das nichts als eine Höflichkeit gewesen; ich fing an, mißtrauisch zu werden, und etwas wie Verbitterung bemächtigte sich meiner. Um so freudiger war ich überrascht, als die gute Frau Julie uns herzlich willkommen hieß. Vor Rührung und Dankbarkeit wäre ich ihr fast um den Hals gefallen. Und wenn ich in Bebel bisher den Vorkämpfer des Sozialismus bewundert hatte, – von dem Augenblick an, wo er mir mit einem freundlichen: »Nun sind Sie ganz die Unsere« kräftig die Hand schüttelte, verehrte ich ihn um seiner Menschlichkeit willen.

Ich beklagte mich über die Behandlung durch die vielen anderen, – selbst durch Parteigenossen. »Sie wundern sich noch, daß Ihre Geschichte so viel Staub aufgewirbelt hat?!« sagte Bebel. »Da kennen Sie unsere männlichen und weiblichen Philister [=engherzigen Spießbürger] schlecht! In der Theorie läßt man sich allerlei bieten, aber in der Praxis – nein, das geht doch nicht! Wo bliebe da die Moral!! Meine Frau und ich haben schon schwer für Sie kämpfen müssen –«

»So laß doch, August, – das erzählt man doch nicht!« wehrte Frau Julie errötend ab, während ich ihr dankbar die mütterlich weiche Hand drückte.

»Warum denn nicht?« meinte er. »Es ist besser, [...] [Brauns] sind

61

orientiert, als daß sie täglich aufs neue unangenehm überrascht werden.«

»Ich hörte, daß Leo sich sehr feindselig benimmt?« fragte Heinrich.

»Und ob! Aber auch mit Singer habe ich mich schon herumgestritten, so daß er mich schließlich fragte, ob ich ihn für einen Philister hielte, was ich bejahte. Daß Frau Liebknecht gegen Sie beide Partei ergreift, war bei ihren Anschauungen gar nicht anders zu erwarten. Bei den Frauen müssen Sie sowieso darauf gefaßt sein, daß sie von einem wahren Horror ergriffen sind. Im Mittelalter hätten sie Sie als Hexe verbrannt, heute werden Sie von hundert Mäulern begeifert und auf hundert Federn gespießt.«

»Und da läßt sich gar nichts machen?« Meinem Mann schwollen die Adern an den Schläfen. »Warten Sie's ab, das ist der einzige Rat, den ich geben kann. In vier Wochen stürzen sich die Raubtiere auf irgendeinen anderen armen Piepmatz, der so vermessen ist, fliegen zu wollen.«

Frau Julie fragte nach meinen Eltern. Ich erzählte freimütig, was wir durchgemacht hatten. »Arme, junge Frau - arme, junge Frau«, wiederholte sie immer wieder und streichelte mir die Wange.

»Mach unsere Genossin nicht noch weicher, als sie ist«, sagte er - »Sie müßten statt dessen in Drachenblut baden! Aber eins wird Sie trösten: die Arbeit in der Partei. Damit werden Sie schließlich auch die bösesten Zungen zum Schweigen bringen.«

Aus den Memoiren von Lily Braun (1865-1916) 40

Stützfrage: Was wird dem Ehepaar Braun vorgeworfen?

grundlegende ⟵ Aufgabenstellung ⟶ erweiterte

Warum wird die neue Ehe abgelehnt?	Inwiefern ist die Reaktion der Parteigenossen erstaunlich?
Stelle eine Verbindung her zwischen den Zielen der Sozialdemokratie und dieser Begebenheit. Was fällt auf?	Formuliere eine Rede, die eine Frauenrechtlerin vor einer SPD-Versammlung hält: »Schluß mit den bürgerlichen Moralvorstellungen!«

3. Thema: Trümmerfrauen

Wer räumt die Trümmer des Krieges weg?

Leitfrage: *Welche Arbeit leisten die Frauen?*

(1945) »Mittwoch, 23. Mai 1945

Mit Eimer und Müllschippe ausgerüstet marschierte ich in grauer Regenfrühe zum Rathaus. Schon unterwegs goß es wie aus Kübeln. Ich spürte ordentlich, wie mein Strickkleid Wasser zog.

Es regnete immerzu, mal feiner, mal stärker. Trotzdem schippten wir und füllten Eimer auf Eimer mit Dreck, damit die Händekette nicht abriß. Wir waren an die hundert Frauen aller Sorten. Die einen zeigten sich träge und lustlos und rührten sich nur, wenn einer unserer beiden deutschen Aufseher hinsah. (Immer kriegen die Männer die Aufseherposten.) Andere Frauen schufteten mit Hausfraueneifer, ja verbissen. ›Getan muß die Arbeit doch werden‹, sagte eine tief überzeugt. Zu viert schoben wir die vollen Loren an den Graben heran. Ich lernte eine Drehscheibe bedienen. Bis wilde Regengüsse uns zu einer Pause zwangen.

Dicht gedrängt wie die Tiere standen wir unter einem Balkon. Die nassen Sachen klebten uns am Leib; die Frauen schauderten und zitterten. Wir nutzten die Gelegenheit und aßen unser nasses Brot ohne was drauf. Eine Frau murmelte: ›Bei Adolf ha' ick sowat nich jejessen.‹ Von allen Seiten kam Widerspruch: ›Sie, det schreiben Se ma ooch noch Ihrem Adolf uff Rechnung.‹ Darauf die Frau, ganz betreten: ›So ha' ick det ja nich jemeint.‹«

Aus dem Tagebuch einer Berlinerin 41

Stützfrage: Warum nimmt die Frau Eimer und Müllschippe mit?

grundlegende ⟵ Aufgabenstellung ⟶ erweiterte

Was ist eine Handkette?	Beschreibe die Arbeitsvorgänge mit eigenen Worten!
Warum essen die Frauen »nasses Brot ohne was drauf«?	Woran erkennt man, daß die Geschichte aus der Nachkriegszeit stammt?

Warum werden gerade Frauen zu diesen Arbeiten herangezogen?

Vergleich: Konsumgesellschaft (10. Stunde, 2. Leitfrage)

4. Thema: Frauen in der DDR

Sind die Verhältnisse im »real existierenden Sozialismus« anders?

Leitfrage: ***Was sind die richtigen Umgangsformen zwischen Mann und Frau?***

(1976) »Kaffee verkehrt: Als neulich unsere Frauenbrigade im Espresso am Alex Kapuziner trank, betrat ein Mann das Etablissement, der meinen Augen wohltat. Ich piff also eine Tonleiter rauf und runter und sah mir den Herrn an, auch rauf und runter. Als er an unserem Tisch vorbeiging, sagte ich »Donnerwetter«. Dann unterhielt sich unsere Brigade über seine Füße, denen Socken fehlten, den Taillenumfang schätzten wir auf siebzig, Alter auf zweiunddreißig. Das Exquisithemd zeichnete die Schulterblätter ab, was auf Hagerkeit schließen ließ. Schmale Schädelform mit rausragenden Ohren, stumpfes Haar, das irgendein hinterweltlicher Friseur im Nacken rasiert hatte, wodurch die Perücke nicht bis zum Hemdkragen reichte, was meine Spezialität ist. Wegen schlechter Haltung der schönen Schultern riet ich zu Rudersport. Da der Herr in der Ecke des Lokals Platz genommen hatte, mußten wir sehr laut sprechen. Ich ließ ihm und mir einen doppelten Wodka servieren und prostete ihm zu, als er der Bedienung ein Versehen anlasten wollte. Später ging ich zu seinem Tisch, entschuldigte mich, sagte, daß wir uns von irgendwoher kennen müßten, und besetzte den nächsten Stuhl. Ich nötigte dem Herrn die Getränkekarte auf und fragte nach seinen Wünschen. Da er keine hatte, drückte ich meine Knie gegen seine, bestellte drei Lagen Sliwowitz und drohte mit Vergeltung für den Beleidigungsfall, der einträte, wenn er nicht tränke. Obgleich der Herr weder dankbar noch kurzweilig war, sondern wortlos, bezahlte ich alles und begleitete ihn aus dem Lokal. In der Tür ließ ich meine Hand wie zufällig über eine Hinterbacke gleiten, um zu prüfen, ob die Gewebestruktur in Ordnung war. Da ich keine Mängel feststellen konnte, fragte ich den Herrn, ob er heute abend etwas vorhätte, und lud ihn ein ins Kino »International«. Eine innere Anstrengung, die zunehmend sein hübsches Gesicht zeichnete, verzerrte es jetzt grimassenhaft, konnte die Verblüffung aber doch endlich lösen und die Zunge, also daß der Herr sprach: »Hören Sie mal, Sie haben ja unerhörte Umgangsformen.« – »Gewöhnliche«, entgegnete ich, »Sie sind nur nichts Gutes gewöhnt, weil Sie keine Dame sind.««

Erzählung von Irmtraut Morgner, DDR-Schriftstellerin 42

Stützfrage: Warum ist der Herr empört?

Hintergrund: Im Unterschied zur Bundesrepublik wurde in der DDR von Anfang an mehr für die Gleichberechtigung der Frauen in Berufsleben und in Politik getan. So ist die Berufstätigkeit von Frauen eine Selbstverständlichkeit. Dennoch gibt es immer noch eine geschlechtsspezifische Arbeitsteilung (Hausarbeit als weibliche Arbeit), und der Frauenanteil in höheren Positionen in Beruf und Politik ist immer noch gering, wenn auch höher als in der Bundesrepublik.
Um bei der Frauenarbeit auftretende Probleme (z. B. bei der Arbeit von schwangeren Frauen) besser lösen zu können, wurden Frauenbrigaden gebildet. Dies sind, ebenso wie die sonstigen Brigaden, Arbeitsgruppen, die gemeinsam einen Arbeitsauftrag ausführen, allerdings nur aus Frauen bestehen.

Begriff: Frauenbrigade

grundlegende ◄—— Aufgabenstellung ——► erweiterte

Warum ist die Geschichte komisch?

Was möchte die Erzählerin mit dieser Geschichte bewirken?

Findest Du das Verhalten der Ich-Erzählerin richtig? Nenne Gründe für Deine Meinung!

Verknüpfung: – Gleichberechtigung (11. Stunde, 1. Leitfrage)
– Solidarität (6. Stunde, 3. Leitfrage)

Sechs bildliche Darstellungen

1. Thema: **Hausarbeit**

Sollte sie entlohnt werden?

»Gleicher Lohn für gleiche Arbeit«

Karikatur von 1978 43

Hintergrund: In den letzten Jahren wird besonders in Kreisen der neuen Frauenbewegung diskutiert, ob man ein Gesetz fordern solle, das einen Lohn für Hausarbeit festlegt.

Begriffe: Hausarbeit = Arbeit aus Liebe, Karikatur

grundlegende ⟵ Aufgabenstellung ⟶ erweiterte

Die abgebildete Zeichnung ist eine Karikatur, d.h. eine Darstellung, die, indem auf ihr etwas übertrieben oder etwas Überraschendes gezeigt wird, auf ein Problem aufmerksam machen will.

Was macht der Mann, was die Frau? Was fällt auf?

Was fällt an dieser Karikatur als erstes auf?

Warum hat der Mann fünf Arme? Beschreibe seine Tätigkeiten! Sieh auf die Worte der Frau. Was hat der Mann wohl vorher zu der Frau gesagt?

Auf welches Problem will die Zeichnerin aufmerksam machen?

Welche Meinung hat vermutlich die Zeichnerin? Begründe Deine Ansicht mit der Karikatur.

Welches Ziel verfolgt die Zeichnerin? Beschreibe die Mittel, die sie wählt, um dies auszudrücken!

Das Ehepaar Kruse - er ist Vorarbeiter in einer Gießerei, sie ist Hausfrau, sie haben drei Kinder im Alter von 7, 5 und 1 Jahren - schlägt die Zeitung auf und sieht diese Karikatur. Erfinde ein Gespräch, das die beiden darüber führen.

Verknüpfung: – Familie (1. Stunde, 2. Leitfrage)
  – Gleichberechtigung (11. Stunde, 1. Leitfrage)

2. Thema: **Gleichberechtigung**

Reicht ein Gesetz aus?

Karikatur aus einer sozialdemokratischen Wochenzeitung, 1979 44

Begriffe: Hausarbeit, Doppelbelastung

grundlegende ⟵— Aufgabenstellung —⟶ erweiterte

Wie wird die Frau dargestellt?

Wie wird die Frau im Unterschied zum Mann dargestellt?

Was hat dies mit dem Text auf dem Transparent zu tun?

Setze Bild und Text in Beziehung zueinander!

Formuliere die Aussage der Karikatur mit eigenen Worten! Hat der/die Zeichner/in recht? Begründe Deine Meinung!

Verknüpfung: Gleichberechtigung (10. Stunde; 1. Leitfrage)

3. Thema: Gewalt

Warum wollen Mädchen Selbstverteidigung lernen?

Karikatur aus einer feministischen Zeitschrift, 1978 45

grundlegende ⟵ Aufgabenstellung ⟶ erweiterte

Worüber spricht der Junge?	Worüber unterhalten sich die beiden?
Warum zeigt das Mädchen dem Jungen einen Vogel?	Warum kommt es zum Streit?
Hat diese Zeichnung etwas mit der Wirklichkeit zu tun?	Formuliere das Problem, das diese Zeichnung aufgreift?

Verknüpfung: - Erziehung (2. Stunde, 1. Leitfrage)
   - Solidarität (6. Stunde, 3. Leitfrage)

4. Thema: **Witze**

Ist ein schwacher Mann lächerlich?

Witze aus einer Illustrierten, um 1965 46

grundlegende ◄—— Aufgabenstellung ——► erweiterte

Betrachte die beiden Witze:

Welche Situationen werden beschrieben? Über wen wird gelacht?	Was ist an den dargestellten Situationen komisch?
Gibt es den »Hausdrachen«?	Welche Situationen des täglichen Lebens spiegeln die Witze wider?

Verknüpfung: – Familie (1. Stunde, 2. Leitfrage)
 – Konsumgesellschaft (10. Stunde, 2. Leitfrage)

5. Thema: **Körper**

Wie soll eine Frau sich bewegen?

a) Einen Fuß etwas unter den Stuhl schieben, mit den Knien »testen«, ob Sie richtig vor dem Sessel stehen und gerade niederlassen. b) Diese Haltung ist nicht lässig-elegant, sondern nachlässig-ungraziös. c) So sitzen Sie richtig, werden nicht so schnell müde und wirken fraulich und gelöst. d) Auseinanderfallende Knie wirken ungraziös. e) Wenn Sie beim Hinsetzen so den Rock unter sich streifen, lenken Sie die Aufmerksamkeit mit Gewalt auf den betreffenden Körperteil. Lassen Sie das!

Aus einer Frauenzeitschrift, 1960 47

Begriffe: Disziplinierung, Verhaltensregeln

grundlegende ◄—— Aufgabenstellung ——► erweiterte

- Stelle die gezeigten Positionen nach. Welche sind bequemer?
- Vergleiche die dazu gehörigen Texte mit Deinen Erfahrungen.
- Beobachte in der Öffentlichkeit (Bus, U-Bahn, Straße), wie Männer und Frauen sich bewegen. Notiere deine Beobachtungen.

- Kennst Du andere Regeln dieser Art? Gibt es ähnliche Regeln für Männer?	- Was bedeutet es für Frauen, graziös und fraulich sein zu müssen?

Verknüpfung:
- Modernes Leben (8. Stunde, 2. und 3. Leitfrage)
- Konsumgesellschaft (10. Stunde, 2. Leitfrage)
- 3. bildliche Darstellung

6. Thema: **Emanzipation**

Läßt sie Frauen männlich werden?

Karikatur, um 1880 48

Begriff: **Anti-Feminismus**

grundlegende ←—— Aufgabenstellung ——→ erweiterte

Beschreibe die dargestellte Frau.
Was fällt auf?

Wogegen wehrt sich der
Zeichner?

Welche Meinung könnte der
Zeichner gegenüber bestimmten
Zielen der Frauenbewegung
(nenne sie) gehabt haben?

Verknüpfung: – Politik (5. Stunde, 1. Leitfrage)
  – Modernes Leben (8. Stunde, 3. Leitfrage)
  – Gleichberechtigung (11. Stunde, 2. Leitfrage)

Sechs einfache Statistiken

1. Thema: **Frauenarbeit**

Wie entwickelte sich die Frauenerwerbstätigkeit?

	Reichsgebiet				Bundesgebiet		
	1882	1907	1939	1950	1961	1970	1980
Bevölkerung ins-gesamt (in 1000)	45222	61721	42998	50798	56175	60651	61516
davon: männl. (in %)	49,0	49,4	48,9	46,7	47,0	47,6	47,8
weibl. (in %)	51,0	50,6	51,1	53,3	53,0	52,4	52,2
Erwerbspersonen insgesamt (in 1000)	18957	28092	22189	23489	26821	26617	27640
davon: männl. (in %)	70,8	66,2	64,3	63,9	63,0	64,0	62,1
weibl. (in %)	29,2	33,8	35,7	36,1	37,0	36,0	37,9

Bevölkerung und Erwerbspersonen 49

Stützfrage: Welchen Anteil hatten die Frauen an der Gesamtbevölkerung und bei den Erwerbspersonen?

Hintergrund: Berufstätigkeit von Frauen ist heute weitgehend gesellschaftlich anerkannt und erscheint nicht mehr als bloßer Zuverdienst zur Aufbesserung des Familienbudgets. Dennoch sind Frauen im Verhältnis zu den Männern geringer in die Produktion und Reproduktion des gesellschaftlichen Reichtums einbezogen. Die Hausarbeit bleibt hierbei allerdings unberücksichtigt.

grundlegende ◄—— Aufgabenstellung ——► erweiterte

Beschreibe, wie sich der Anteil der Frauenarbeit in den letzten hundert Jahren verändert hat.

Nenne auffällige Veränderungen seit 1882.

Suche nach Gründen dafür, daß der Anteil der weiblichen Erwerbspersonen zugenommen hat.

Stelle den Anteil der weiblichen Erwerbspersonen dem Anteil der Frauen an der Gesamtbevölkerung gegenüber und suche nach Erklärungen für das Verhältnis.

72

2. Thema: **Lohndiskriminierung**

Ist Frauenarbeit weniger wert?

Durchschnittlicher Bruttostundenverdienst von weiblichen Industriearbeitern im Verhältnis zu denen der männlichen Industriearbeiter   50

in Prozent:	
1956	63,8
1966	68,8
1976	72,6

Durchschnittlicher Bruttomonatsverdienst eines Angestellten 1975:	
männlich	2317 DM
weiblich	1558 DM

Stützfrage: Wie werden Frauen entlohnt?

Hintergrund: 1956 urteilte das Bundesverfassungsgericht, daß die bis dahin vorhandenen Frauenlohngruppen, die bei gleicher Arbeit von Frauen und Männern niedrigere Löhne für Frauen vorsahen, dem Grundgesetz widersprechen. Die Frauenlohngruppen wurden zwar abgeschafft, aber dafür entstanden sogenannte »Leichtlohngruppen«, in die sogenannte »leichte körperliche Arbeit« eingestuft wird. In der Regel handelt es sich dabei um monotone Fließbandarbeit, die viel Fingerspitzengefühl verlangt und darum als »typisch weiblich« gilt.

Begriff: Lohndiskriminierung

grundlegende ◄— Aufgabenstellung —► erweiterte

Suche - auch in der Geschichte - nach Gründen dafür, warum Frauen häufig schlechter bezahlt werden als Männer.	Erkläre die Benachteiligung bei den Frauenlöhnen anhand der geschichtlichen Entwicklung von Frauen- und Männerarbeit.
Entwirf einen Brief von Arbeiterinnen an ihren Vorgesetzten: »Wir fordern gleichen Lohn für gleiche Arbeit!«	Entwirf ein Streitgespräch: Eine Unternehmerin und ein Gewerkschaftsfunktionär streiten um die Frauenlöhne in der Schuhfabrikation.

3. Thema: Doppelbelastung

Was ändert sich im Haushalt, wenn die Frau berufstätig ist?

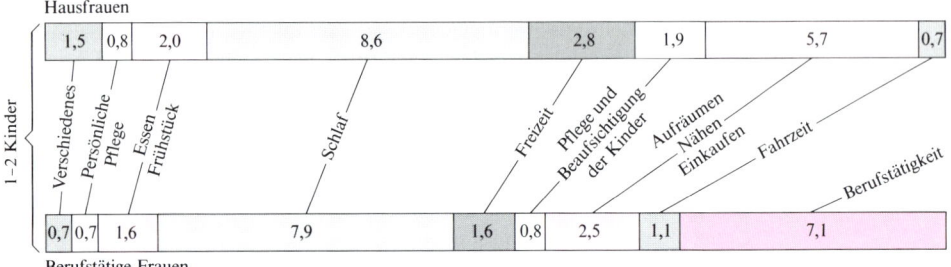

Tätigkeiten an einem normalen Tag – gemessen in vollen und Zehntelsekunden 51

Stützfrage: Wodurch unterscheidet sich der Tagesablauf einer berufstätigen Frau von dem einer nicht berufstätigen?

Hintergrund: Von Doppelbelastung wird gesprochen, seit mit der industriellen Produktionsweise ein Arbeitsbereich außerhalb des Wohn- und Lebensbereiches entstand, der durch völlig andere Merkmale gekennzeichnet ist. Ehemänner, deren Frauen außerhäuslich erwerbstätig sind, leisten nicht mehr Hausarbeit als andere. So kommt es, daß berufstätige Frauen durch zwei unterschiedliche Formen von Arbeit belastet sind.

grundlegende ◄——— Aufgabenstellung ———► erweiterte

Nenne die Nachteile, die sich für eine berufstätige Frau im Vergleich zur nicht berufstätigen Hausfrau ergeben.

Vergleiche die beiden Tagesabläufe und nenne Vor- und Nachteile.

Erkläre das Wort »Doppelbelastung« mit Hilfe des Schaubilds und eines Beispiels.

Entwirf den Tagesablauf einer berufstätigen Frau, die sich die Hausarbeit mit ihrem Mann teilt.

4. Thema: **Parteien**

Wer macht die Politik?

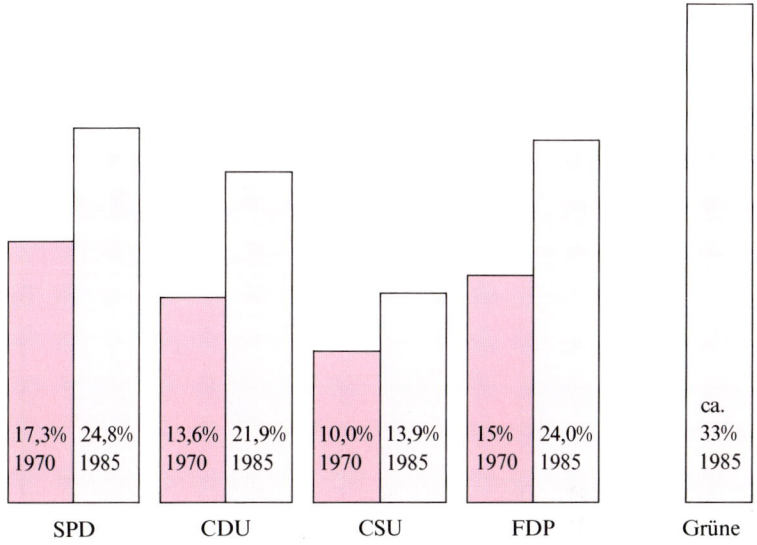

17,3%	24,8%	13,6%	21,9%	10,0%	13,9%	15%	24,0%	ca. 33%
1970	1985	1970	1985	1970	1985	1970	1985	1985
SPD		CDU		CSU		FDP		Grüne

Zahl der weiblichen Parteimitglieder 1970–1985 52

Stützfrage: Welche Aussagen macht das Schaubild?

Hintergrund: Ins politische Leben haben die Frauen bisher am wenigsten Zugang gefunden. Obwohl die Zahl der wahlberechtigten Frauen die der Männer um ca. 3 Mill. übertrifft, gibt es keine angemessene Vertretung der Frauen in der Politik. (Bundestagswahl 1987: 15,4% weibliche Abgeordnete)

grundlegende ⟵ Aufgabenstellung ⟶ erweiterte

Überprüfe die These am Schaubild: 1985 interessierten sich mehr Frauen für Politik als noch 1970.

Suche Gründe für den wachsenden Anteil von Frauen in der Politik seit 1970.

Schreibe eine Rede: »Politik ist nicht nur Männersache.«

Schreibe die Rede eines weiblichen Parteimitglieds: »Bei der nächsten Wahl sollen nur Frauen kandidieren.«

Wie sind Frauen an der politischen Macht beteiligt?

Parlament	Wahljahr	Mandate insgesamt	Anteil der weiblichen Abgeordneten in %	absolut
Deutscher Bundestag	1987	410–521	15,4	80
Deutscher Bundestag	1983	410–521	9,8	51
Deutscher Bundestag	1980	410–521	8,5	44
Deutscher Bundestag	1976	410–521	7,3	38
Deutscher Bundestag	1972	410–521	5,8	30
Deutscher Bundestag	1969	410–521	6,6	34
Deutscher Bundestag	1965	410–521	6,9	36
Deutscher Bundestag	1961	410–521	8,3	43
Deutscher Bundestag	1957	410–521	9,2	48
Deutscher Bundestag	1953	410–521	8,8	45
Deutscher Bundestag	1949	410–521	6,8	28
Parlamentarischer Rat	1948	70	5,7	4
Reichstag	1933	463–608	3,8	21
Reichstag	1932	463–608	6,1	35
Reichstag	1932	463–608	5,6	34
Reichstag	1930	463–608	6,7	39
Reichstag	1928	463–608	6,7	33
Reichstag	1924	463–608	6,6	33
Reichstag	1924	463–608	5,7	27
Reichstag	1920	463–608	8,0	37
Nationalversammlung	1919	423	8,7	37

Anteil der männlichen Abgeordneten

Frauen in den Deutschen Zentralparlamenten 1919–1987   53

Stützfrage: Was sagt das Schaubild über den Anteil von Frauen in den deutschen Parlamenten seit 1919 aus?

Hintergrund: Seit 1919 haben Frauen das aktive und passive Wahlrecht in Deutschland.
Zusatzinformation: Der Parlamentarische Rat formulierte das Grundgesetz

grundlegende ◄── Aufgabenstellung ──► erweiterte

Suche Gründe für den gleich-
bleibend geringen Frauenanteil
in den deutschen Parlamenten.

Nimm Stellung zu der Forderung: »Gleichviel Frauen wie
Männer in die Parlamente!«

6. Thema: Berufe

Was wollen Jungen und Mädchen werden?

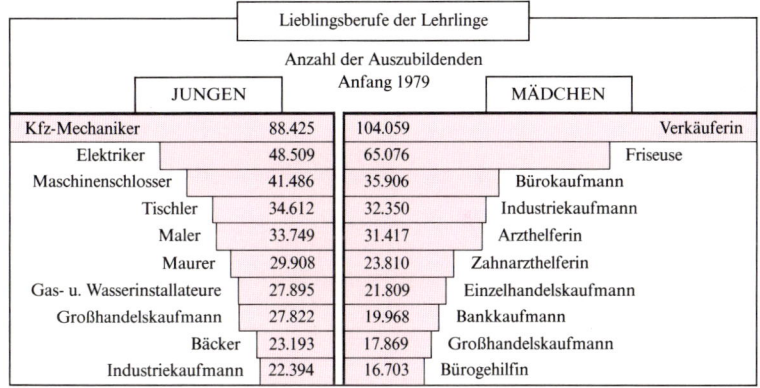

Lieblingsberufe der Lehrlinge			
JUNGEN	Anzahl der Auszubildenden Anfang 1979		MÄDCHEN
Kfz-Mechaniker	88.425	104.059	Verkäuferin
Elektriker	48.509	65.076	Friseuse
Maschinenschlosser	41.486	35.906	Bürokaufmann
Tischler	34.612	32.350	Industriekaufmann
Maler	33.749	31.417	Arzthelferin
Maurer	29.908	23.810	Zahnarzthelferin
Gas- u. Wasserinstallateure	27.895	21.809	Einzelhandelskaufmann
Großhandelskaufmann	27.822	19.968	Bankkaufmann
Bäcker	23.193	17.869	Großhandelskaufmann
Industriekaufmann	22.394	16.703	Bürogehilfin

54

Stützfrage: Welche Berufe bevorzugen Mädchen?

Hintergrund: Auch nach neuesten Erhebungen ergeben sich für die Berufswünsche der Mädchen kaum Veränderungen.

grundlegende ◄── Aufgabenstellung ──► erweiterte

Vergleiche die Arbeit eines Kfz-
Mechanikers mit der einer Verkäuferin: Warum könnten Mäd-

Vergleiche zwei der jeweiligen
Berufswünsche und schließe
auf die damit vermutlich ver-

chen bzw. Jungen den jeweiligen Beruf bevorzugen?

Erkläre die Berufswünsche der
Jungen und Mädchen aus der
geschichtlichen Entwicklung.

bundenen Erwartungen.

Beurteile die Aussage des
Schaubilds. Denke dabei auch
an die geschichtliche Entwicklung.

Lernkontrollen

Klausur: **Wahlrecht und Politik**
(Einsatzmöglichkeit: nach der 6. Stunde)

Text 1: Wahlaufruf der SPD vom Januar 1919:
»An die Frauen und Mütter!
[...]

Die Sozialdemokratie kämpfte 50 Jahre lang für
das heilige Recht der Mütter
über das Schicksal der mit Schmerzen Geborenen mitzubestim-
men. [...] Frauen und Mütter! Ihr könnt nun Kinder und Kindes-
kinder vor den Schrecken künftiger Kriege bewahren, wenn Ihr
dem Sozialismus zum Siege verhelft. [...]
Im neuen Staate und in den Gemeinden sollen **Mutterliebe und
Hausfrauenumsicht zum Wohle des Ganzen** sich auswirken.
[...]«   55

Text 2: Flugblatt vom Januar 1919 des Wahlausschusses Hamburger
Frauenvereine:
»Deutscher Familienvater!
Deiner Frau und Deinen Töchtern von 20 Jahren an ist das Wahl-
recht verliehen worden. [...] Ob Du, dessen Wort in Deiner Fami-
lie gilt, einverstanden bist mit diesem neuen Wahlrecht? Nun,
man hat Dich nicht gefragt!
Was gedenkt Ihr zu tun? Wollt Ihr unmutig beiseite stehen und
selbst nicht wählen oder doch Eure Frauen und Töchter zurück-
halten mit der Begründung: die Frau gehört ins Haus?
[...]
Wer seine Frau und seine Töchter aufklärt über die Ziele seiner
Partei und sie für diese gewinnt, verstärkt sie um ein Vielfaches.
[...] Wer aus dem Bürgertum nicht wählt, hilft mit dazu, das Bürgertum rechtlos zu machen.
Deutscher Familienvater! [...] hole Deine Frau und Deine Tochter heran, so ungewohnt es Dir auch ist, Politik mit ihnen zu ver-
handeln.«   56

grundlegende ◄—— Aufgabenstellung ——► erweiterte	
An wen wenden sich jeweils die Aufrufe?	Nenne die Adressaten und Verfasser der jeweiligen Aufrufe!
Welche Ereignisse werden in Text 1 angesprochen und warum?	Mit welchen Argumenten wird in den Flugblättern jeweils für die Wahlen geworben?
Welches Ziel verfolgt das zweite Flugblatt?	Wie werden jeweils die Frauen gesehen?

Könnten beide Flugblätter heute noch verwendet werden? Begründe Deine Meinung!

Klausur: **Hausarbcit und öffentliches Leben**

(Einsatzmöglichkeit: nach der 11. Stunde)

Text 1: August Bebel, Sozialdemokrat, schrieb vor ungefähr hundert Jahren:
»Die Entwicklung unseres sozialen Lebens geht also nicht dahin, die Frau wieder ins Haus und an den Herd zu bannen, wie unsere Häuslichkeitsfanatiker wollen, [...] sondern sie fordert das Hinaustreten der Frau aus dem engsten Kreis der Häuslichkeit und ihre volle Teilnahme an dem öffentlichen Leben - zu dem man alsdann die Männer nicht mehr allein zählen wird - und an den Kulturaufgaben der Menschheit.«

57

Text 2: Ein 17jähriges Lehrmädchen im Jahr 1932:
»Auch denke ich daran, wenn der richtige Mann kommen würde, würde ich ihm meine Hand reichen und ein eigenes Heim gründen. Es ist dies wohl der Wunsch eines jeden Mädchen, einmal raus aus dem Beruf und sein eigener Herr zu sein.« 58

grundlegende ◄—— Aufgabenstellung ——► erweiterte	
Wie wird in Text 1 die Hausarbeit bewertet?	Wie wird in Text 1 und in Text 2 jeweils die Hausarbeit bewertet?
Was erwartet das Lehrmädchen	Benenne kurz die möglichen

(Text 2) von der Heirat? Nenne mögliche Gründe für diese Meinung? Gründe für die Meinungen Bebels und des Lehrmädchens!

Durch welche Maßnahmen sollte erreicht werden, daß die Frauen am öffentlichen Leben teilnehmen können? Nenne 2 wichtige Daten!

Hat Bebel recht behalten? Beschreibe kurz die geschichtliche Entwicklung bis heute.

Wie kann die volle Gleichberechtigung heute sichergestellt werden?

Silbenrätsel: Gesucht: Begriff für die gemeinsame Erziehung von Mädchen und Jungen.

K	O	N	K	U	R	R	E	N	Z				
D	O	P	P	E	L	B	E	L	A	S	T	U	N	G
G	L	E	I	C	H	B	E	R	E	C	H	T	I	G	U	N	G
B	I	L	D	U	N	G							
K	O	N	S	U	M	E	N	T	I	N			
F	A	B	R	I	K	A	R	B	E	I	T	E	R	I	N
H	A	U	S	F	R	A	U						
H	A	U	S	H	A	L	T						
H	E	I	M	A	R	B	E	I	T				
E	M	A	N	Z	I	P	A	T	I	O	N		
F	R	A	U	E	N	L	O	E	H	N	E		

Bilde aus den gegebenen Silben die Begriffe, nach denen gefragt wird. Trage sie in die Zeilen ein, jeweils ganz links beginnend (es müssen nicht alle Felder ausgefüllt werden). Die **Diagonale vom linken oberen Kästchen aus** ergibt den gesuchten Begriff. (ö = oe)

ar – ar – be – be – beit – Bil – brik – Dop – dung – e – en – Fa – frau – Frau – Gleich – gung – halt – Haus – Heim – Kon – Kon – kur – la – loch – man – men – ne – pa – pel – rech – renz – rin – stung – su – te – ti – tin – tion – zi

Begriffe: 1) Was bedeuten niedrige Löhne der Frauen für erwerbstätige Männer?

2) Darüber klagen berufstätige Ehefrauen und Mütter.

3) Was verspricht das Grundgesetz?

4) Das wollten die Frauen im letzten Jahrhundert für die Mädchen verbessern.

5) Was sollten die Frauen in den 50er Jahren für die Wirtschaft sein?

6) Beruf vieler Frauen

7) Ist das ein Beruf?

8) Arbeitsgebiet sehr vieler Frauen

9) Zu Hause gegen Stücklohn arbeiten.

10) Was die Frauenbewegung erreichen will.

11) Darüber klagten berufstätige Frauen und Männer im letzten Jahrhundert.

Übersicht: Begriffe und Daten

Politik:

Gesellschaft:

Andere Länder:

1789 Frankreich
Revolution, an der Frauen maßgeblich beteiligt sind, z. B.: Zug der Marktweiber nach Versailles. (Revolution)

1791 Frankreich
Proklamation der »Droit de la Femme« durch Olympes de Gouges. (Menschenrechte für Frauen)

1792 England
Mary Wollstonecraft veröffentlicht »A vindication of the rights of women«. (Grundlagentext für die englische Frauenbewegung)

1794
Das Allgemeine Landrecht in Preußen tritt in Kraft. Es ermöglicht Ehescheidung. (Familie)

1810 Frauen erhalten Gewerbefreiheit. (Konkurrenz)

um 1840
Erfindungen, die Haus- und Heimarbeit verändern, z. B. Zündhölzer, Nähmaschine, Gaslicht.

1840
Erstes Seminar für Erzieherinnen in Posen (Lehrerin)

1844
Louise Otto veröffentlicht ihre Schrift »Die Teilnahme der Frauen an den Interessen des Staates ist Pflicht«. (Anfänge der Frauenbewegung)

1830 Frankreich
Julirevolution in Paris

Politik	Gesellschaft	Andere Länder

1848
Märzrevolution: Gründung von zahlreichen demokratischen Frauenvereinen, die die Revolution unterstützen. (Emanzipation)

1848 USA:
Eine Versammlung amerikanischer Frauen in Seneca Falls (New York) veröffentlicht die »Declaration of Sentiments«. (Menschenrechtsforderung)

1849
Erste Zeitung von Frauen: die »Frauen-Zeitung«, von Louise Otto herausgegeben unter dem Motto: »Dem Reich der Freiheit werb ich Bürgerinnen«. (Frauenzeitung)

1849 USA:
Promotion der ersten Ärztin in New York

1852
Verbot der »Frauen-Zeitung« (Unterdrückung)

1850
Gründung der Hamburger Frauenhochschule (Bildung)

1855
W. H. Riehl veröffentlicht »Die Familie«, eine antifeministische Schrift. (Antifeminismus)

60er, 70er und 80er Jahre des letzten Jahrhunderts
Gründung zahlreicher Frauenvereine, die sich für verbesserte Mädchenbildung, Berufsbildung und Berufsausübung von Frauen und für Arbeiterinnen einsetzen. (Frauenvereine)

1865
Erste deutsche Frauenkonferenz in Leipzig; Gründung des Allgemeinen Deutschen Frauenvereins (ADF) (Solidarität)

Politik	Gesellschaft	Andere Länder
1871 Deutsches Kaiserreich: Frauen haben kein Wahlrecht.		
	1876 Franziska Tiburtius: erste praktische Ärztin in Deutschland (Berufstätigkeit)	
	1884 Erscheinen der Zeitschrift »Die Staatsbürgerin«; erste Zeitschrift der proletarischen Frauenbewegung	**1878 Frankreich:** Erster Internationaler Frauenkongreß in Paris (Internationalismus)
1891 Die Sozialdemokratische Partei Deutschlands (SPD) bekennt sich im Erfurter Programm zur Gleichberechtigung der Frau. (Arbeiterbewegung)	**1891** Universität Heidelberg läßt Gasthörerinnen zu. (Frauenstudium) **1892** Erscheinen der Zeitschrift »Die Gleichheit«, herausgegeben von Clara Zetkin (SPD) (proletarische Frauenbewegung)	**1890 USA:** Gründung des »National American Women Suffrage Association« (Verein für Frauenstimmrecht) (Suffragetten)
1894 Gründung des »Bundes Deutscher Frauenvereine« (BDF), in dem alle Vereine der bürgerlichen Frauenbewegung zusammengefaßt sind. (Organisation)	**1893** Helene Lange gibt die Zeitschrift der bürgerlichen Frauenbewegung »Die Frau« heraus. (bürgerliche Frauenbewegung)	

Politik	Gesellschaft	Andere Länder

1894
Öffentliche Frauenver-
sammlung in Berlin, auf
der das Frauenwahlrecht
verlangt wird.
(Kampf um politische
Gleichberechtigung)

1895
Erscheinen der Zeit-
schrift »Die Frauenbe-
wegung«, herausgege-
ben von Minna Cauer
(radikaler Flügel der
bürgerlichen Frauenbe-
wegung).

1896
Erster Internationaler
Frauenkongreß auf deut-
schem Boden in Berlin
(Internationalismus)

1896
Erste Abiturientinnen

1899
Gründung des »Verban-
des fortschrittlicher Frauenvereine«, in dem sich
der radikale Flügel der
Frauenbewegung organi-
sierte (Minna Cauer, Lida
Gustava Heymann, Hed-
wig Weidemann, Anita
Augspurg).
(Radikalismus)

1899
Zulassung der Frauen
im Deutschen Reich
zum medizinischen,
zahnärztlichen und
pharmazeutischen Exa-
men (Hochschulausbil-
dung)

1901
Universitäten Heidel-
berg und Freiburg
immatrikulieren erstma-
lig Frauen.

1902
Gründung des »Deut-
schen Vereins für Frauen-
stimmrecht« in Hamburg.
BDF übernimmt Frauen-
wahlrechtsforderung.
(Wahlrecht)

1908
Frauen erhalten nach
neuem Vereinsgesetz
überall im Deutschen
Reich die Möglichkeit,
sich politisch zu organisie-
ren. (Liberalisierung)

1913 England:
Höhepunkt im Kampf um
das Frauenstimmrecht
(Suffragetten)

Politik	Gesellschaft	Andere Länder

1. August 1914: Beginn des Ersten Weltkrieges (Krieg)

1914
Gründung des »Nationalen Frauendienstes« (NDF) (Soziale Tätigkeit); Kriegswirtschaft: Frauen werden auch in Arbeitsbereichen eingesetzt, die sonst Männern vorbehalten waren. (geschlechtsspezifische Arbeitsteilung)

1915 Den Haag:
Internationaler Friedenskongreß der bürgerlichen Frauen; Gründung der späteren »Internationalen Frauenliga für Frieden und Freiheit« (Pazifismus)

1916
Junius-Schrift von Rosa Luxemburg gegen den Krieg und die Bewilligung der Kriegskredite durch die SPD

1917 Rußland:
Frauen erhalten nach der Revolution das Wahlrecht.

1918 Kriegsende und Novemberrevolution

1918
Frauen erhalten das aktive und passive Wahlrecht.

1918
44-Stunden-Woche für Arbeiterinnen

1919
Die neue Reichsverfassung spricht den Frauen die Gleichberechtigung zu. (Gleichberechtigung)

1920 USA: Frauen erhalten das Wahlrecht; nach und nach auch in den **europäischen Staaten,** bis auf die **Schweiz.**

1922
Juristinnen dürfen das Richteramt einnehmen. (Machtpositionen)

1923
Verbreitung des Muttertages in Deutschland (Muttertag)

1929
Weltwirtschaftskrise

Politik	Gesellschaft	Andere Länder
	1931 über 1 Mio. Frauen arbeitslos (Arbeitslosigkeit)	
1933 Nationalsozialistische Machtergreifung		
	1933 Auflösung aller Frauenverbände, NS-Frauenschaft (Gleichschaltung)	
	1934–1945 Rassengesetze (Sterilisation, Heiratsbeschränkung) und Mutterkult	
	1939–1945 Zweiter Weltkrieg Zwangsverpflichtung von Frauen in allen Industriezweigen (Kriegswirtschaft)	
1949 Grundgesetz: Frauen wird die volle Gleichberechtigung in allen gesellschaftlichen Bereichen zugesprochen. (Grundgesetz)	**1945–49** Lebensmittelkarten; Schwarzmarkt (Nachkriegszeit); Frauen werden besonders in Berlin zwangsverpflichtet, die Trümmer fortzuschaffen. (Trümmerfrauen)	**1949 Frankreich:** Simone de Beauvoirs Buch »Das andere Geschlecht« erscheint (theoretische Grundlage der neuen Frauenbewegung).
1957 Das Bürgerliche Gesetzbuch wird dem Gleichberechtigungspostulat des Grundgesetzes angepaßt.	**1968** Im Zuge der Studentenrevolten entsteht eine neue Frauenbewegung.	
	1971 375 deutsche Frauen bekennen öffentlich, abgetrieben zu haben. (§ 218)	**1971 Frankreich:** 343 prominente Frauen bekennen öffentlich, abgetrieben zu haben.

Politik	Gesellschaft	Andere Länder
1976 Liberalisierung des § 218 (Abtreibungsgesetz) **1976** Reform des Namensrechtes (Ehefrauen brauchen ihren Geburtsnamen nicht mehr unbedingt bei der Eheschließung aufzugeben.) **1977** Reform des Ehe- und Familienrechts (Reformen)	**70er Jahre** Gründung vieler Frauenprojekte in der Bundesrepublik (Frauenbuchläden, Frauenzentren, Frauenzeitungen) (autonome Frauenbewegung) **Ende 70er, 80er Jahre** In der Bundesrepublik werden Stellen in den Behörden eingerichtet, die sich für die Durchsetzung der Gleichberechtigung der Frauen einsetzen. (Diskriminierung)	

① = Schülerlektüre
② = zum (passagenweisen) Vorlesen
③ = Lehrervorbereitung

Wie werden Mädchen zu Frauen erzogen?

Norgard Kohlhagen, Für Mädchen verboten! Die Geschichte von einer, die anders leben wollte, Reinbek 1984 (Rowohlt rotfuchs) ①

Ruth-Ellen Boetcher Joeres (Hg.), Die Anfänge der deutschen Frauenbewegung: Louise Otto-Peters, Frankfurt/M. 1983 (Fischer TB) ②

Jürgen Zinnecker, Sozialgeschichte der Mädchenbildung. Zur Kritik der Schulerziehung von Mädchen im bürgerlichen Patriarchalismus, Weinheim und Basel 1973 ③

Wie lebten Frauen in der Industriegesellschaft des letzten Jahrhunderts?

Ottilie Baader, Ein steiniger Weg. Lebenserinnerungen einer Sozialistin, 3. Auflg., Berlin, Bonn 1979 (Dietz Nachfolge Verlag) ① ②

Ute Gerhard, Verhältnisse und Verhinderungen. Frauenarbeit, Familie und Rechte der Frauen im 19. Jahrhundert. Mit Dokumenten, Frankfurt/M. 1978 (Suhrkamp TB) ③

Wie begann die Frauenbewegung?

Norgard Kohlhagen, Nicht nur dem Manne Untertan. Frauen, die die Welt veränderten, Frankfurt/M. 1981 (Fischer Boot) ①

Ottilie Baader, Ein steiniger Weg, a. a. O., bes. S. 52 ff. ②

Richard J. Evans, Sozialdemokratie und Frauenemanzipation im deutschen Kaiserreich, Berlin, Bonn 1979 (Dietz Nachfolge Verlag), bes. S. 147 ff. ③

Wie erlebten Frauen moderne Zeiten?

Charlotte Kerner, Lise. Atomphysikerin. Die Lebensgeschichte der Lise Meitner, Weinheim 1986 (Beltz Biographie) ①

Irmgard Keun, Gilgi – eine von uns, Bergisch-Gladbach 1981 (Bastei-Lübbe TB), S. 5–15 ②

Ute Frevert, Vom Klavier zur Schreibmaschine – Weiblicher Arbeitsmarkt und Rollenzuweisungen am Beispiel der weiblichen Angestellten in der Weimarer Republik, in: Annette Kuhn, Gerhard Schneider (Hg.), Frauen in der Geschichte. Frauenrechte und die gesellschaftliche Arbeit der Frauen im Wandel. Fachwissenschaftliche und fachdidaktische Studien zur Geschichte der Frauen, Düsseldorf 1979 (Schwann), S. 82 ff. ③

Was haben Frauen mit dem Nationalsozialismus zu tun?

Gina Schubert, Sie hieß Mila. Eine Geschichte aus dem Krieg, Reinbek 1986 (Rowohlt rotfuchs) ①

Frauen unterm Hakenkreuz. Hg. von Elefanten Press, Berlin (West) 1983 (Elefanten Press) ③

Angelika Ebbinghaus (Hg.), Opfer und Täterinnen. Frauenbiographien des Nationalsozialismus, Nördlingen 1987 ③

Was änderte sich nach dem Zweiten Weltkrieg für die Frauen?

Dagmar Chidolue, Diese blöde Kuh, Frankfurt/M. 1984 (Fischer Boot) ①

Perlon Zeit, Wie die Frauen das Wirtschaftswunder erlebten. Hg. von Elefanten Press, Berlin (West) 1985 (Elefanten Press), bes. S. 182 ff. ② ③

Renate Wiggershaus, Geschichte der Frauen und der Frauenbewegung. In der BRD und DDR nach 1945, Wuppertal 1979 (Peter Hammer Verlag) ③

Was hat die Frauen- und Männerfrage mit uns zu tun?

Gun Jacobson, Peters Baby, Reinbek 1985 (Rowohlt rotfuchs) ①

Ute Frevert, Frauen-Geschichte. Zwischen Bürgerlicher Verbesserung und Neuer Weiblichkeit, Frankfurt/M. 1986 (Suhrkamp TB), S. 272 ff. ③

1 Entnommen aus: Gottfried Kößler: Mädchenkindheiten im 19. Jahrhundert, Gießen 1979, S. 7

2 Hermann Jacobi: Die Grenzen der weiblichen Bildung, Gütersloh 1871, zit. nach »Frauen-Anwalt«, 2. Jg., 1891/92, Nr. 19/20, Nr. 9/10, S. 385, zit. bei: Margrit Twellmann: Die deutsche Frauenbewegung. Ihre Anfänge und erste Entwicklung 1843–1889, Kronberg 1976, S. 58

3 Annette von Droste-Hülshoff, zit. nach: Christa Wolf: Der Schatten eines Traumes. Karoline von Günderode in: dies.: Lesen und Schreiben, 3. Aufl., Darmstadt/Neuwied 1982, S. 248

4 Käthe Bandow: Das Mädchen soll die Grenze der Gelehrsamkeit fast ebenso fürchten, wie die Unschicklichkeit, Bonn 1897 (Sammlung pädagogischer Vorträge, Bd. X, H. 5), S. 2, zit. nach: Gottfried Kößler, a. a. O., S. 66

5 Theodor Lessing: Einmal und nie wieder. Lebenserinnerungen, Gütersloh 1969, S. 93, zit. nach: Irene Hardach-Pinke, Gerd Hardach (Hg.): Kinderalltag. Deutsche Kindheiten in Selbstzeugnissen 1700–1900, Reinbek 1981, S. 334

6 Werbung im Anhang aus: Das Frauenbuch, hg. unter Mitwirkung bewährter, sachkundiger Frauen von Eugenie von Soden, 1. Teil: Frauenberufe und Ausbildungsstätten, Stuttgart 1913

7 Handbuch der Frauenbewegung, hg. von Helene Lange und Gertrud Bäumer, IV. Teil: Die deutsche Frau im Beruf, Berlin 1902, S. 24

8 Louise Otto-Peters: Frauenleben im Deutschen Reich, Leipzig 1876, zit. nach: Traute Preuss: Starkes schwaches Geschlecht. Weg und Leistung der Frau, Hamm (Westfalen) 1956, S. 280

9 Ottilie Baader: Ein steiniger Weg. Lebenserinnerungen einer Sozialistin. Mit einer Einleitung von Marie Juchacz, 3. Aufl., Berlin/Bonn 1979, S. 19

10 Julius Pierstorff: Frauenarbeit und Frauenfrage. Separatabdruck aus dem »Handwörterbuch der Staatswissenschaften«, 3. Aufl., 3. Band, Jena 1900, S. 26

11 Hamburger Echo vom 19. November 1889, zit. nach: Richard J. Evans: Sozialdemokratie und Frauenemanzipation im deutschen Kaiserreich, Berlin/Bonn 1979, S. 69

12 Eduard Bernstein, in: Die Neue Zeit, Jg. 1890/91, 2. Bd., S. 181 (Die Neue Zeit. Revue des geistigen und öffentlichen Lebens, Stuttgart 1983–1922), zit. nach: Werner Thönessen: Frauenemanzipation. Politik und Literatur der deutschen Sozialdemokratie zur Frauenbewegung 1863–1933, 2. Aufl., Frankfurt/M. 1976, S. 50 f.

13 Lily von Gizycki (später Braun): Die Bürgerpflicht der Frau, Berlin 1895, S. 19, zit. nach: Ute Gerhard: »Bis an die Wurzeln des Übels«. Rechtskämpfe und Rechtskritik der Radikalen, in: Feministische Studien, 3. Jg., Mai 1984, Nr. 1: Die Radikalen in der alten Frauenbewegung, S. 79 f.

14 Staatsarchiv Hamburg. Politische Polizei S 9001/Bd. I: Deutsche Voßsche Blätter am 14.10. 1911

15 Staatsarchiv Hamburg, a.a.O.: Frauenstimmrecht! Vortrag von Hedwig Weidemann, Hamburg o.J.

16 Staatsarchiv Hamburg, a.a.O.: Vortrag - Anzeiger Hamburger Frauenvereine. 1.Jg., Oktober 1912, Nr.1

17 Clara Zetkin: Zur Geschichte der proletarischen Frauenbewegung, Frankfurt/ M. 1978, S.42 und 43

18 »Frauenbewegung« vom 15.1. 1898, 4.Jg., Nr.2, S.13f., zit. nach: Staatsarchiv Hamburg. Handschriftensammlung 969, zit. bei: Birgit Ebert: Bürgerliche Moral und radikale Frauenbewegung des Bürgertums. Der Kampf um ein neues Frauenbild im Wilhelminischen Reich 1894-1910, Hamburg (Staatsexamenarbeit) 1978, S.39

19 Richard Dehmel: Deutschlands Fahnenlied, zit. nach: Epochen der deutschen Lyrik 1900-1960, 1.Teil, München 1974, S.123

20 Emma Oekinghaus: Die gesellschaftliche und rechtliche Stellung der deutschen Frau, Jena 1925, S.87

21 Lida Gustava Heymann: Weiblicher Pazifismus, zit. nach: Daniela Weiland: Geschichte der Frauenemanzipation in Deutschland und Österreich. Biographien, Programme, Organisationen, Handlexikon, Düsseldorf 1983, S.131, Artikel »Lida Gustava Heymann«

22 Fotografie der Anzeige im Besitz von Doris Krininger

23 »Frauenwelt«, Heft 19, 1931, S.24

24 Karikatur aus: Frauenalltag und Frauenbewegung 1890-1980, Katalog des Historischen Museums Frankfurt a.M. 1981, S.59

25 Münchner Neueste Nachrichten vom 25.7. 1940, zit. nach: Gisela Bock: »Zum Wohle des Volkskörpers ...«. Abtreibung und Sterilisation im Nationalsozialismus, in: Frauen unterm Hakenkreuz, hg. von Elefanten Press, 2.Aufl., Berlin 1983, S.114

26 Martin Bormann am 23.7. 1943, zit. nach: Norbert Westenrieder: »Deutsche Frauen und Mädchen!«. Vom Alltagsleben 1933-1945, Düsseldorf 1984, S.107

27 Melita Maschmann: Fazit. Mein Weg in der Hitler-Jugend, 2.Aufl., München 1979, S.53

28 Helma Sanders-Brahms: Der Himmel war blau wie nie, als der Krieg zuende ging, in: Heiß und kalt. Die Jahre 1945-1969, hg. von Elefanten Press, Berlin 1986, S.10

29 Aus: Der Spiegel, Nr.11/1956, S.47

30 Ehe und Bruch. Wie Bertelsmann-Autoren 1959 »Die gute Ehe« sehen, in: Heiß und kalt, a.a.O., S.434

31 Politik für Frauen, hg. vom Presse- und Informationsamt der Bundesregierung, Bonn 1986, S. 134

32 Die Zeit vom 21. 3. 1986

33 Jugend privat. Ein Bericht des SINUS-Instituts im Auftrag des Bundesministers für Jugend, Familie und Gesundheit, Opladen 1985, S. 30f.

34 Chancen. Neue Bildungsmodelle für Frauen, hg. vom Bundesminister für Bildung und Wissenschaft, Bonn 1986, S. 34

35 Der Spiegel, Nr. 35/1986, S. 39

36 Brigitte, Nr. 22/1985, S. 118

37 Christina Thürmer-Rohr: Feminismus und Moral, in: Die Tageszeitung vom 24. 7. 1986

38 Susanne von Paczensky: Bin ich vielleicht ein Mann?, in: Pitt Severin/Hartmut Jetter (Hg.): 25 Jahre BRD, Wien/München/Zürich 1974, S. 155f.

39 Fanny Lewald: Für und wider die Frauen, Berlin 1870, zit. nach: Traute Preuss: Starkes schwaches Geschlecht, a.a.O., S. 278f.

40 Lily Braun, Memoiren einer Sozialistin. Teil II: Kampfjahre, in: dies., Gesammelte Werke, Bd. 3, Berlin o.J., S. 129f.

41 Zit. nach: Courage, 7. Jg., 1982, Nr. 7, S. 50

42 Irmtraut Morgner: Leben und Abenteuer der Trobadora Beatriz nach Zeugnissen ihrer Spielfrau Laura, Darmstadt/Neuwied 1976, S. 111

43 Marie Marcks, Heidelberg, aus: »Roll doch das Ding, Blödmann?« Frauenbuch Verlag, München

44 Aus: Vorwärts vom 13. 9. 1979

45 Aus: Emma, 2. Jg., 1978, Nr. 5, S. 28

46 Aus: Emma, 2. Jg., 1978, Nr. 7, S. 29

47 Zusammengestellt nach: »Sitzen Sie richtig?« Schönheitsregeln, in: Constanze Schönheitsheft 1960, abgedruckt in: Katalog zur Ausstellung »Frauenalltag und Frauenbewegung 1890-1980« (Historisches Museum Frankfurt/M.), Frankfurt/M. 1981, S. 119

48 Aus: Birgit Meyer/Clemens Zimmermann: Seminar Geschichte, in: Gleichberechtigung – Arbeitshilfen für den politischen Unterricht, hg. von der Bundeszentrale für politische Bildung, Bonn 1984, S. 49

49 Nach: Carola Pust/Petra Reichert/Anne Wenzel u.a.: Frauen in der BRD, Hamburg 1983, S. 11

50 »Wir Frauen«, hg. von der Demokratischen Fraueninitiative, Köln 1979, S. 267

51 Nach: E. Badinter: Die Mutterliebe, 1981, S. 282

52 Nach: Politik für Frauen, hg. vom Presse- und Informationsamt der Bundesregierung, a.a.O., S. 133

53 Nach: Joachim Hofmann-Göttig: Emanzipation mit dem Stimmzettel, Bonn 1986, S.91

54 Nach: Globus Bild 3319, abgedruckt in: Wochenschau für politische Erziehung, Sozial- und Gemeinschaftskunde, Nr.2, Ausgabe Sek.I: Thema Frauen, S.65

55 Zit. nach: Daniela Weiland: Geschichte der Frauenemanzipation, a.a.O., S.198

56 Fotografie des Wahlaufrufs in Besitz von Manfred Asendorf

57 August Bebel: Die Frau im Sozialismus, Stuttgart o.J., S.44

58 Zit. nach: Fritz Urbschat: Das Seelenleben der kaufmännisch tätigen Jugend, Langensalza 1932, S.77